열하일기

새로운 세상을 꿈꾸다

열하일기

새로운 세상을 꿈꾸다

배봉기 지음 · 이부록 그림

사□계절

이 책은 《열하일기(熱河日記)》라는 책에 대한 책입니다. 그러니까 《열하일기》를 독자 여러분에게 소개하고, 주요한 내용을 함께 살펴보고자 하는 뜻으로 쓴 책이지요.

《열하일기》는 연암 박지원(1737~1805년)이 쓴 여행기입니다. 조선 후기를 살았던 연암은 1780년 청나라로 여행을 떠납니다.

지금 우리가 잘 아는 중국 땅에는 당시 만주족이 세운 청나라가 있었습니다. 이 청나라로 가는 사신의 일행에 끼어서 연암은 여행을 떠난 것입니다. 그 여행은 《열하일기》라는 책을 낳았습니다.

연암이 함께한 조선의 사신 일행은 여름에 압록강을 건넜습니다. 그리고 말을 탄 사람과 걷는 사람들 수백 명이 뒤섞여 한 달이 넘게 걸려, 당시 청나라의 수도인 연경까지 갔습니다. 지금은 중국의 수도인 북경(베이징)이 이 연경입니다.

그런데 그때 청나라 황제는 수도를 떠나서 만리장성 북쪽 열하라는 곳의 여름 별장에 가 있었습니다. 조선 사신들은 청나라 황제가 있는 열하로 갈 수밖에 없었고, 연암도 따라갔지요.

열하에서 다시 연경으로, 그리고 압록강을 넘어 조선으로 되돌아온 것은 늦가을이었습니다. 이렇게 네 달 가까이 걸린 긴 여행에 대한 기록이 《열하일기》로 세상에 나오게 된 것입니다.

18세기 후반에 쓰인 《열하일기》는 당시에도 아주 유명한 책이었고, 21세기의 우리들에게도 매우 중요한 책으로 살아 있습니다.

《열하일기》는 그 당시 왜 그렇게 유명한 책이 됐을까요?

또 현재까지 긴 시간을 견디고 중요한 책으로 살아남았을까요?

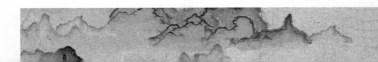

이 책은 그 이유를 알아보기 위해 여러분과 함께 떠나는 여행이 될 것입니다.

《열하일기》라는 책을 감상하고 이해하는 여행!

그렇습니다. 이 책은 《열하일기》라는 책으로 떠나는 여행이라고 할 수 있습니다. 그런데 곧바로 책 속으로 들어가기 전에 준비할 것이 있습니다. 여행을 잘하려면 계획과 준비가 필요하듯이 말이지요.

책은 그 책을 쓴 사람이 있습니다. 작가 또는 저자라 부르는 사람 말이지요. 책을 잘 감상하고 이해하려면 이 작가에 대해 알아보는 것이 필요합니다. 물론 우리가 알아보고자 하는 사람은 연암 박지원입니다.

또한 그 책을 쓴 사람은 특정한 시대를 살아간 사람이기도 합니다. 그러므로 우리가 어떤 책을 잘 감상하고 이해하기 위해서는 그 책이 나온 시대, 작가가 살았던 사회를 알아보는 것도 필요합니다. 다시 말해서 책이 태어난 배경이 되는 그 시대와 사회를 이해해야 한다는 것입니다.

그래서 이 책은 세 가지 큰 질문을 하나하나 풀어 나가는 여행이라 할 수 있습니다.

《열하일기》는 어떤 배경에서 나왔는가?
《열하일기》를 쓴 연암 박지원은 어떤 사람인가?
《열하일기》는 어떤 책인가?

2016년 12월 글쓴이 배봉기

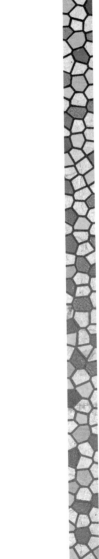

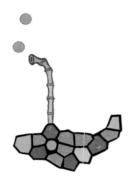

1부 《열하일기》가

태어난 배경

1. 변화의 소용돌이에 실린 조선 후기

　고려를 이어서 조선이 세워진 해는 1392년이었습니다. 일제가 강제로 나라를 빼앗은 때가 1910년이니까 조선은 500년 이상 이 땅에 있었던 나라지요. 그런 조선의 역사에서, 《열하일기》가 세상에 나온 1780년대는 조선 후기에 해당합니다.

　"세상 모든 것은 변한다."는 말이 있습니다.

　가만히 생각해 보면 맞는 말이지요? 전혀 변하지 않을 것 같은 바위도 긴 시간이 흐르면 부스러져 먼지가 되고 흙이 되니까요. 당연히 인간들의 삶도 시간이 흐르면 변하게 됩니다.

　이렇게 변화하는 삶의 흐름을 역사라고 할 수 있습니다. 역사란 이렇게 변화하는 것이 당연하다면, 이런 질문들이 나올 수 있다고 생각합니다.

　조선 후기를 굳이 '변화의' 조선 후기라고 할 필요가 있을까요? '조선 후기'라는 역사적인 시기 속에 이미 '변화'라는 뜻이 들어 있지 않나요? 그런데 그 앞에 변화라는 단어를 붙일 필요가 있나요?

이 질문들에 대한 대답은, "그럴 필요가 있습니다!"입니다.

조선 시대 중에서도 조선 후기인 18세기는 특별히 변화의 시대였다고 할 수 있기 때문이지요. 임진왜란과 병자호란 등을 겪은 조선 사회는 여러 부문에서 급격한 변화의 소용돌이를 맞고 있었으니까요.

《열하일기》가 태어난 그 시대, 조선은 어떤 변화를 겪고 있었는지 알아볼까요?

사회를 움직이고 변화시키는 중요한 것들에는 무엇이 있을까요?
경제, 정치, 사상과 문화 등을 생각해 볼 수 있을 것입니다.
먼저 경제부터 살펴보기로 합니다.

경제가 인간 삶과 사회에 매우 중요한 영향을 미친다는 것은 독자 여러분도 잘 알 것입니다. 근대 자본주의 사회인 21세기는 말할 것도 없겠지만, 중세 농경 사회인 18세기에도 경제는 중요했습니다.

18세기 경제에서 제일 중요한 것은 농업이었습니다. 이 농업에서 중대한 변화가 발생합니다. 농업의 중심인 벼농사에서 이앙법이 전국적으로 실시되는 것입니다. 이앙법이란 모판에 있는 모를 옮겨서 논에 모내기를 하는 것을 뜻합니다.

독자 여러분도 직접 보지는 못했어도, 뉴스 같은 영상으로는 모내기하는 것을 보곤 했을 것입니다. 사람 손으로 하다가 지금은 기계가 모내기를 하고 있지요.

그럼 이앙법 이전에는 어떻게 했을까요?

직접 볍씨를 논에 뿌렸습니다. 이것을 직파라고 하지요. 이앙법은 직파보다 두 배나 많은 벼를 생산하는 방법이었습니다. 이렇게 곡식이 많이 생산되면 경제력이 높아지고 인구도 증가하게 되는 것이지요.

상업의 발달도 18세기 경제를 활발하게 움직였습니다. 18세기에는 서울 인근을 제외한 지방에 5일장 제도가 확립되었습니다. 5일마다 한 번씩 시장이 서는 것인데 지금도 각 지방에서 열리는 시장이 이때 형성된 것이지요.

민간의 상업 활동이 활발해진 것입니다. 이렇게 활발해진 상업 활동도 경제력을 높였습니다. 서서히 자본주의의 싹이 움트는 시대라고 할 수도 있지요.

정치의 영역에서도 뚜렷한 변화가 나타나고 있었습니다.

조선은 중세의 신분제를 바탕으로 한 나라입니다. 중세의 서양도 마찬가지였는데, 신분제란 사람이 태어나면서부터 신분이 정해지는 제도입니다. 부모의 신분에 따라 자식의 신분이 정해지는, 현대 사회에서는 용납할 수 없는 반인권적인 제도지요.

조선의 신분제는 제일 위에 양반, 다음에 평민, 맨 아래에 노비가 있는 구조였습니다. 이런 엄격한 신분제는 18세기에 크게 동요하게 됩니다. 높아진 경제력과 사회 변화로 신분의 경계선이 허물어지기 시작한 것입니다. 부를 축적한 평민들이 양반을 사기도 했고, 자유를 찾아 도망하는 노비들이 급격하게 늘어난 것입니다.

신분제의 동요와 붕괴는 중세 조선 사회를 뿌리부터 흔들기 시작했다 하겠습니다.

조선의 18세기는 또한 사람들의 사상과 문화도 급변하는 시기였습니다. 그동안 조선 사회를 지배한 사상은 주자학이었습니다. 유학 중에서도 완고한 주자학이 조선 사회를 억압하고 있었지요.

18세기는 이 억압에 맞서 인간의 욕망과 자유를 긍정하는 사상이 뚜렷하게 고개를 들기 시작한 시기이기도 했습니다. 관념적인 주자학에 대항하여 현실의 삶에서 진실을 찾으려는 사상이 나타난 것이지요.

이런 사상의 변화는 당시 지식인들의 글쓰기에도 나타났습니다. 소품체와 소설체 같은, 일상의 삶을 개성적으로 표현하려는 자유로운 글쓰기가 유행하게 된 것입니다. 생각과 글쓰기는 뗄 수 없는 관계이니, 사상의 변화가 글쓰기의 변화로 나타난 것은 자연스러운 현상이라 하겠지요.

〈사당유희도〉
18세기, 조선 사회는 경제, 정치, 사상, 문화, 모든 면에서 급격한 변화를 겪었다. 서민 문화 역시
크게 발달해, 화려하게 차려입고 곡예와 가무를 펼치는 사당패의 길거리 공연을 도회지나 시장
곳곳에서 볼 수 있었다.

〈후원유연도〉
조선 시대에 양반들은 보통 사람들에 비해 많은 것을 누리고 살았다. 특히 화려한 음식점은 양반이 아니라면 엄두도 못 낼 곳이었다. 술과 음식을 시키고 악사까지 불러 눈을 감고 비스듬히 기댄 채 풍악을 즐기고 있다. 하지만 이런 신분 제도도 18세기가 되자 서서히 흐트러지기 시작했다.

또한 18세기는 서민의 문화가 발달하기 시작한 시기이기도 했습니다. 양반이 아니라 서민들이 중심이 된 서민 문화가 발달한 것이지요. 이 당시 서민 문화에는 어떤 것들이 있었을까요?

먼저 영웅 소설, 야담, 판소리 같은 이야기 문학을 들 수 있습니다. 이들 이야기 문학은 강독사, 강담사, 강창사 등으로 불린 이야기꾼이 읽어 주고 들려주었습니다. 당시에는 개인 하나하나가 책을 사기도 힘들었고 글을 읽을 줄 모르는 사람도 많았기 때문이지요.

또한 음악에서는 민간에서 부르는 민요와 시조 등이 널리 유행하였고, 미술에서도 일상생활을 사실적으로 그린 풍속화가 인기를 끌었습니다.

18세기 조선은 이렇게 급격한 변화를 맞고 있었습니다.

그리고 이런 변화를 온전히 담아내려는 학문이 있었습니다. 17세기부터 시작되어 18세기에 크게 발전한 실학입니다. 실학을 했던 실학자들은, 학문이란 백성들의 삶에 도움이 되어야 한다고 주장했습니다. 공허한 이론에 몰두하는 당시의 대다수 양반 사대부를 비판한 것이지요.

《열하일기》의 작자인 연암은 대표적인 실학자였지요. 실학자 중에서도 북학파였습니다. 연암을 비롯하여 홍대용, 박제가, 이덕무, 유득공 등 북학파는 청나라의 앞선 문물을 배워야 한다고 주장했습니다.

그렇게 말로만 듣던 궁금한 청나라!

그 청나라로 연암은 여행을 떠나게 되었고, 그 여행의 기록은《열하일기》로 세상에 나왔습니다.

도대체 18세기의 청나라는 어떤 나라였을까요?

또 조선과 조선 사람 연암에게 청나라는 무슨 의미를 갖고 있었을까요?

《태평성시도》

조선 시대 후기에 그린 풍속화이자 기록화로, 수많은 사람과 동물, 번화한 거리, 화려한 건물 등을 그렸다. 이 그림에 나오는 사람은 모두 2170명이며 동물도 300

제4폭
아래쪽으로 커다란 패루가 자리하고 있다. 패루란 역사적 사건을 기리거나 중요 건축물로 통하는 도로의 기점을 알리는 중국식 건축물이다. 이 밖에도 다양한 형태의 수레와 도구들이 눈에 띈다.

제3폭
화면 위쪽에서 시작된 하천이 번화가와 주변 지역을 구분 짓고 있으며, 왼쪽의 패루를 중심으로 크고 작은 도로들이 이어져 있다. 이 도로들 사이사이로 규모가 큰 건물들과 낙타를 비롯한 동물들의 행렬을 묘사했다.

마리 정도 된다. 그림 크기가 굉장히 크고 복잡한데, 상공업이 발달해 잘 살고 화려한 도시의 모습을 표현했다. 하지만 이 그림은 현실의 모습을 그대로 그린 것은 아니다. 조선 사회가 이렇게 발달했으면 하는 마음을 담아 그린 것이다. 8폭 전체

제2폭
활로 목화솜을 타는 사람들을 비롯해 수레로 짐을 실어 나르는 사람 크게 그로 짐작되는 거대한 동물이 보인다.

제1폭
그네와 투호 따위의 놀이를 즐기고 있는 아낙네들과 천을 짜고 다듬는 사람들, 부재한 화초를 파는 상점 등이 모습이 여유롭고

에 걸쳐 길고 화려한 가마 행렬이 이어지고, 인산인해의 사람과 갖가지 상점들, 희귀한 동물들과 이채로운 최신 문물이 펼쳐진다. 이 그림에서는 사람이든 동물이든 곡식이든 천이든, 모든 것이 넘쳐 난다. 먹고살 걱정이 없고 새로운 문물로 살기

제8폭
도시를 둘러싸고 있는 성벽과 성문이 보이고, 소로 밭을 갈고 방아를 찧고 곡식을 펴 말리며 일상을 보내는 사람들 한편으로 행차 나온 관리를 에워싸고 있는 화려한 깃발 무리가 보인다.

제7폭
7폭에서 한눈에 들어오는 물건은 단연 기중기이다. 사람들이 기중기로 자재를 들어 올려 하천을 정비하고 있다. 위쪽으로는 활과 칼, 창 등을 가지고 훈련을 하는 군사들이 보인다.

좋아진 새 세상을 향한 염원을 당시 융성했던 청나라와 빼닮은 모습으로 표현한
것이다. 이 모습은 아마도 연암 박지원이 꿈꾸던 조선의 모습과 닮아 있을 것이다.

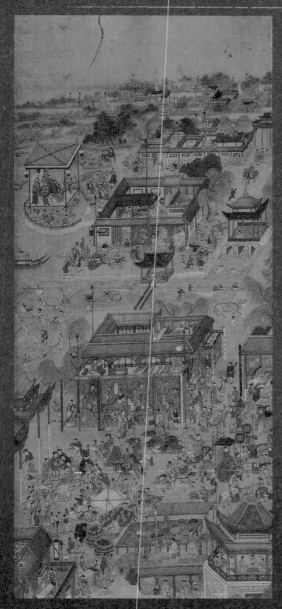

제6폭
하천과 교각이 등장하는데, 물길을 따라 발가벗고 물놀이를 하
는 아이들과 투망을 던져 고기를 잡는 사람들이 한가롭다. 그 옆
으로 고기를 하는 사람들과 배가 눈에 띈다.

제5폭
크고 화려한 건물을 중심으로 소 무리와 디딜방아를 찧은 사
람들, 연자방아를 돌리는 나귀, 어마어마한 부피의 건초를 실
어 나르는 수레 행렬, 알록달록 부채를 늘어놓고 파는 상점이

2. 청나라는 《열하일기》의 기름진 터전

여러분은 '외국'이란 말을 들으면 어떤 나라들이 생각나나요?

사람에 따라 다를 것입니다.

미국, 영국, 프랑스, 일본, 중국, 인도, 러시아 같은 우리에게 익숙하고 큰 나라일 수도 있고, 태국, 필리핀, 베트남, 캄보디아, 인도네시아 같은 아시아 나라가 생각날 수도 있습니다. 외국을 여행한 사람에게는 자신이 여행했던 나라가 우선 떠오를 수 있겠고요.

18세기 조선 후기의 사람들이 '외국'이라는 말을 들으면 어떤 생각을 했을까요?

아마 무슨 말인지 알 수 없다는 표정을 지으며 눈을 동그랗게 떴을 것입니다. 그 당시 대다수의 조선 사람들에게 외국이란 낯선 말이었을 것입니다. 인구의 대부분을 차지한 농민들은 태어난 농촌 마을에서 농사를 지으며 살아갔을 테니 말이지요.

외국에 대해 생각하고 관심을 가질 수 있었던 사람들은 극소수였을 것입니다. 왕의 명령을 받아 사신으로 국경을 넘는 양반 사대부와 이들을 따라갔던 통역이나 하인 등이 그들입니다.

그들이 생각한 외국은 어디였을까요?

바다 건너 일본을 생각할 수 있습니다. 하지만 일본은 거의 관심 밖이었습니다. 임진왜란으로 크게 사이가 나빠져 있었고, 바다라는 장애물 때문에 쉽게 소통할 수도 없었지요.

지금 우리가 알고 있는 다른 대륙의 나라들과 조선은 교류가 없었고, 당연히 관심 밖이었습니다.

남은 것은, 오직 한 나라, 청(淸)입니다.

18세기 조선에서 외국이란, 조선에 강력한 영향력을 행사하는, 청나라를 의미했습니다.

지금 우리가 알고 있는 중국은 흔히 중국인이라 부르는 한족(漢族)이 중심이 되어서 세운 나라입니다.

그런데 중국 역사를 보면 꼭 한족이 세운 나라만 있었던 것은 아닙니다. 당(唐), 송(宋), 명(明) 같은 나라는 한족이 세운 나라지만, 요(遼), 금(金), 원(元) 등은 말갈족, 여진족, 몽고족 등 이민족이 세운 나라입니다.

청나라 역시 중국인들이 오랑캐라 부르는 만주족이 세운 나라입니다. 이 만주족은 역사 속에서 말갈과 여진으로도 불렸었지요.

청나라의 역사에 대해 간략하게 알아볼까요?

⟨건륭제 초상화⟩
청나라 6대 황제 건륭제(재위 1735~1795년)의 모습을 그린 초상화이다. 건륭제는 조부 강
희제에 이어 정치적·경제적·문화적으로 '강희·건륭 시대'라는 청나라 최성기를 이룬 황제
이다. 이 시기에 이르러 중국 문화는 유럽 사회까지 널리 알려졌다. 1780년, 연암 일행은
건륭제의 70세 생일 연회에 참석하기 위해 청나라에 사신으로 가게 된다.

청나라는 1616년에 세워졌습니다. 이후 1912년 사라질 때까지 300년 가까이 중국 땅을 지배한 나라였습니다. 정묘호란(1627년)과 병자호란(1636년)의 두 번의 침략으로 조선에 엄청난 피해와 고통을 안겨 준 나라기도 했습니다.

18세기 후반 청나라를 지배한 황제는 6대 황제인 건륭제였고, 연암 일행이 사신으로 가게 된 이유는 건륭제의 70회 생일을 축하하기 위해서였습니다.

당시 청나라는 강대한 제국이었습니다.

영토는 중국 역사상 가장 컸다고 알려져 있지요. 이 거대한 제국 청나라는 조선의 유일한 외국이었고, 여러모로 조선에 엄청난 영향력을 행사하고 있었습니다.

18세기의 청나라는 단순히 크고 강한 나라가 아니었습니다. 서양의 문물까지 받아들인 청나라는 화려하고 융성한 문명과 문화를 자랑하고 있었지요. 그래서 북학파는 이런 문물을 배우자고 한 것이고요.

〈만국래조도〉
연경(북경)의 태화전은 청나라 황제가 관료들과 외국 사신들을 접견하던 궁전이다. 해마다 정월 초하루가 되면 조선 사신을 비롯한 외국 사신이 이곳에 모여 황제에게 신년을 하례하는 조회를 올렸다. 이 〈만국래조도〉는 1761년 태화전 문 앞 광장에서 방물을 들고서 건륭제 알현 순서를 기다리는 조선 사신과 외국 사신의 모습을 담은 그림이다. 지금으로부터 250여 년 전, 새해맞이 외교 의례를 이처럼 성대하게 치를 수 있었던 청나라의 위세가 짐작된다.

〈만국래조도〉

〈만국래조도〉 속 조선 사신들의 모습

그런데 당시 조선의 지배층은 어땠을까요?

이런 앞선 문물을 배워서 조선을 발전시키자고 나섰을까요?

대답은 "아닙니다!"

왕을 중심으로 한 양반 사대부는 청나라에 대해 이중적인 태도를 지켰습니다. 정묘호란과 병자호란 때 당한 원한을 품고 겉으로만 머리를 숙였습니다. 마음속으로는 오랑캐라고 멸시하면서 망해 버린 한족의 명나라를 받들었습니다.

'오랑캐'라는 말은, 한자로 이(夷)라고 쓰는데, 자신들이 세계의 중심이라 생각한 한족이 주변에 있는 이민족을 가리키는 말이었습니다. 자기들 입장에서 그렇게 부른 것이지요. 그런 시각으로 보면 우리 한민족(韓民族)도 오랑캐입니다. 사실 동쪽에 있다고 동이(東夷), 즉 동쪽 오랑캐라고 불렸으니까요.

동쪽 오랑캐인 조선이, 만주족 오랑캐가 세웠다고 청나라를 멸시한 것입니다. 두 번의 침략을 당한 원한도 있지만, 근본 이유는 청나라가 오랑캐 나라라는 것이었습니다. 사실 두 번의 침략도 그들을 오랑캐로 보지 않았다면 일어나지 않았겠지요.

이 같은 상황에서 청나라의 앞선 문물을 배우자고 주장한 사람들은 소수에 불과했지요. 왕을 중심으로 한 양반 사대부 대부분이 허황한 이중성을 갖고 있었고, 백성들도 덩달아서 청나라와 만주족을 무시하곤 했으니 말입니다.

연암을 비롯한 북학파는 이런 흐름에 휩쓸리지 않았습니다.

조선에 큰 고통을 안겨 준 청나라지만, 정직한 눈으로 현실을 보고 배울 것은 배워야 한다고 생각한 것이지요.

18세기 조선의 유일한 외국 청나라.

거대한 세계 제국 청나라.

이 청나라야말로 《열하일기》가 움터서 뿌리내리고 울창하게 자라날 수 있었던 크고 기름진 땅이었습니다.

〈고소창문도〉
'산수 판화'라고도 하는 도시 풍경 판화이다. 18세기 전반, 중국 소주(쑤저우)는 지금 보아도 화려함이 느껴질 만큼 번성했다. 연경처럼 수도인 것도 아닌 변방에 위치한 호반 도시가 이 정도였으니 당시 청나라가 얼마나 거대한 세계 제국이었는지 알 수 있다.

〈삼백육십행도〉
소주는 수로와 운하가 발달해 '물의 도시'로 불리며 강남의 쌀을 실어 나르는 수
송지로서 일찍이 문물이 번성해 살기 좋은 곳으로 유명했다. 연암은 이런 모습
을 접하며 하루빨리 청나라의 앞선 문물을 배워 조선을 발전시켜야 한다고 생
각했을 것이다.

2부
《열하일기》를 쓴
연암 박지원은 어떤 인물인가?

1. 가난을 이겨 내고

《열하일기》을 쓴 박지원은 1737년 2월 5일 서울에서 태어났습니다.

연암의 집안은 서울의 양반 중에서도 유명한 집안이었습니다. 조상 중에는 높은 벼슬을 한 사람이 많았지요. 연암의 친척 형 중에 박명원이라는 사람이 있었는데, 영조 임금의 사위라는 아주 높은 신분에 오르기도 했습니다.

《열하일기》는 이 친척 형 덕분에 쓰게 됐다고 할 수 있습니다. 박명원이 청나라로 가는 사신단의 우두머리 사신인 정사로 임명되었고, 그 기회에 연암도 따라갈 수 있었던 것이지요.

연암의 할아버지 박필균은 경기도 관찰사라는 높은 벼슬을 한 사람이었습니다. 관찰사란 요즈음의 도지사와 같다고 보면 되지요. 이렇게 유명한 양반 집안이고 할아버지가 높은 벼슬을 했지만, 연암의 집안은 여유로운 생활과는 거리가 멀었습니다.

다음은 《과정록》이라는 책에 나오는 것입니다.

우리 집안은 대대로 살림살이가 어려웠다. 조상들이 그러셨듯이 증조할아버지인 장간공(박필균)도 역시 청렴결백하여 집안일에 마음을 쓰지 않으셨다.
그런 까닭에 집이 좁아서 할아버지 형제분들이 한방에서 증조할 아버지를 모시고 살았다. 아버지는 책을 펴 놓고 공부할 곳이 없었다.

《과정록》은 연암의 둘째 아들인 박종채가 아버지를 추억하며 쓴 책인데요, 조상들이 대대로 청렴결백하여 집안이 가난했다는 것을 이야기하고 있습니다. 위의 글을 보면 연암은 "책을 펴 놓고 공부할 곳이 없었다"는 것, 즉 자기 공부방이 없었다는 것을 알 수 있습니다.
연암의 할아버지는 경기도 관찰사까지 지냈지만 벼슬로 이익을 얻는 사람이 아니었습니다. 낡은 집을 옮기지 않은 것은 물론, 끼니를 잇지 못할 정도로 청렴했습니다.
다음도 《과정록》이라는 책에 나오는 것입니다. 이번에는 박종채가 아버지 연암이 했던 말을 기억했다가 기록한 내용입니다.

우리 집은 자주 끼닛거리가 떨어져 가난한 선비의 살림살이와 같았다. 서울 서쪽에 있는 낡은 집은 누구하고 비좁았으나 평생 거처를 옮기지 않으셨다.

한번은 집에 심하게 무너진 곳이 있어 남들이 수리하라고 했다. 그때 마침 할아버지께서 지방의 수령에 임명되셨다.

할아버지께서는 이렇게 말씀하셨다.

"수령이 되어서 집을 수리하는 것은 옳지 않은 짓이다."

얼마 뒤 통진이라는 곳에 있는 척박한 땅의 저수지 둑이 해일로 무너졌다. 마땅히 둑을 다시 쌓아야 했다. 그런데 할아버지께서는 마침 그때 경기도 관찰사에 임명되셨다.

"관찰사가 되어서 자기 농장을 돌보는 것은 옳지 않다."

할아버지께서는 사람을 보내 그 일을 중단시켰다.

연암은 어린 시절을 이렇게 "자주 끼닛거리가 떨어"지는 가난으로 기억하고 있습니다. 이런 가난과 어려움을 겪어야 했던 어린 시절은 연암에게 어떤 영향을 주었을까요?

힘들고 어려웠지만 연암은 이런 가난과 어려움에 굴복하지 않았습니다. 가난했지만 꺾이지 않은 조상들의 뜻을 마음 깊이 새겼지요. 그래서 뒷날 어려울 때도 자신의 뜻을 굽히거나 실망하지 않고 꿋꿋하게 이겨 낼 수 있었습니다.

또한 어른이 되어서는 자신의 어린 시절을 잊지 않고 힘들게 사는 사람들의 삶에 깊은 관심을 쏟았지요. 양반인 자신보다 훨씬 더 어려운 백성들의 가난을 이해할 수 있었기 때문이지요. 가난이 사람들을 얼마나 힘들게 하는지도 스스로의 경험으로 잘 알 수 있었고요.

그래서 백성들이 골고루 잘 사는 것이 무엇보다 중요하다는 것을 깨달을 수 있었습니다. 이런 깨달음을 바탕으로 백성들의 삶에 도움이 되는 학문을 해야 한다고 주장한 것이지요.

바로 실학이라는 이름의 학문 말입니다.

2. 신념을 지키며

조선 시대 양반 남자가 당연히 해야 할 일은 무엇이었을까요?

바로 과거 시험 공부를 하고 과거에 합격하는 일입니다. 그래야 집안의 명예를 높이고 자신도 벼슬을 할 수 있으니까요.

이렇게 조선 시대 양반 남자들은 어릴 때부터 과거 시험 공부를 열심히 했습니다. 요즈음의 입시 열풍 못잖게 과거 시험 열기는 대단했지요. 가난한 평민들, 여성이나 노비처럼 아예 과거 시험에 응시할 수 없는 사람들에게는 상관이 없는 일이었지만 말입니다.

연암은 위에서 말했듯이 유명한 양반 집안에서 태어났습니다. 그러니 과거 시험에 합격을 해서 벼슬길로 나아가야 했습니다. 당시로서는 당연하다고 생각한 길이지요. 하지만 연암은 과거라는 시험 제도를 싫어했고, 여러 가지 행동으로 자신의 뜻을 나타냈습니다.

실력과 자신이 없었을까요?

그건 아닙니다. 다음의 글을 보면 연암이 과거를 어떻게 생각했는지 짐작할 수 있지요.

당시 아버지의 문장에 대한 명성은 이미 세상을 떠들썩하게 했다. 그래서 과거 시험을 치를 때마다 시험을 주관하는 자는 아버지를 꼭 합격시키려 하였다. 아버지는 그것을 눈치채고 어떤 때는 응시하지 않았고 어떤 때는 응시를 하되 답안지를 제출하지 않으셨다.
과거 시험장에서 답안지에 늙은 소나무와 이상한 모양의 바위를 그리기도 했다. 당시 사람들은 이런 행동을 하는 아버지를 어리석다고 비웃었다. 그러나 이는 아버지가 과거 보는 일을 달갑게 여기지 않는다는 것을 보여 주기 위해서였다.

앞서 나온 《과정록》이라는 책에서, 연암이 과거를 어떻게 대했는가를 아들 박종채가 기록한 부분입니다.
연암은 과거에 응시하지 않거나, 응시하더라도 시험지를 제출하지 않았다는 것입니다. 심지어 "답안지에 늙은 소나무와 이상한 모양의 바위를 그리기도" 해서 합격을 거부합니다.
당시 양반 선비들은 과거 시험에 합격해서 벼슬을 하는 것을 영광으로 여겼는데 연암은 왜 이런 엉뚱한 행동을 했을까요? 사

람들이 어리석다고 비웃는 행동을 말이지요.

연암이 이렇게 과거를 거부한 것은 당시 과거 시험 자체에 문제가 많았기 때문입니다.

과거 시험은 '공령문'이라는 틀에 박힌 문장으로 답안지를 써야 했습니다. 이 문장은 옛글이나 시에서 이것저것 끌어다 누더기처럼 붙여서 그럴듯하게 꾸미는 글이었습니다. 진실이라곤 찾을 수 없는 이런 문장을 써서 시험에 합격하고 벼슬을 얻는 것을 연암은 참기 어려웠지요.

또 과거 시험이 치러지는 현장도 엉망진창이었다고 할 수 있습니다. 권력이 많은 양반 자식들은 하인들을 시켜서 좋은 자리를 차지했습니다. 서로 좋은 자리를 차지하려고 다투다가 다치고 사람이 죽는 일까지 있었다고 하니 그 혼란을 짐작할 만하지요. 거기에다 권력과 돈이 있는 양반들은 사람을 사서 대리 시험까지 보게 할 정도였습니다. 많은 양반 사대부 자식들이 이렇게 타락한 과거를 통해 권력을 차지하는 형편이었습니다.

연암은 진실이라곤 없는 틀에 박힌 문장을 쓰고 싶지 않았습니다. 그리고 이렇게 혼탁하게 치러지는 과거에 합격해서 타락한 양반들의 무리에 끼고 싶지도 않았습니다.

연암이 과거를 거부한 이유는 여기에 있습니다. 당시의 낡은 과거 제도와 타락한 현실에 타협할 수 없다는 신념에서 나온 행동이었지요.

타협을 거부하는 신념 때문에 연암은 위험에 처하기도 했습니다.

하루는 아버지와 우정이 깊은 유언호가 밤에 아버지를 찾아왔다.
그때 유언호는 조정에서 벼슬을 하고 있었는데 낮에 대궐에 갔다
가 아버지에 대한 말을 듣고 걱정을 하다 찾아온 것이었다. 아버
지를 만난 유언호는 아버지의 손을 잡고 한숨을 쉬며 말했다.
"자네는 어쩌자고 홍국영의 비위를 그토록 거슬렀는가?
자네에게 몹시 독을 품고 있으니 어떤 화를 미칠지 알 수 없네.
그가 자네를 해치려고 틈을 엿본 지 오래라네. 자네 이야기만 나
오면 그 눈초리가 몹시 험악해지니 필시 화를 면치 못할 것 같네.
이 일을 어쩌면 좋겠나? 될 수 있는 한 빨리 서울을 떠나게나."
아버지는, '평소에 말이 곧고 바르며 선비들 사이에 이름이 높은
것이 화를 부른 원인'이라고 스스로 생각하셨다. 마침내 아버지
는 몸을 감추어 숨고자 하셨다. 그리하여 가족을 데리고 연암골
로 들어가 작은 초가집을 지어 사셨다.

역시 《과정록》이라는 책에 나오는 이야기인데요, 연암이 홍국
영이라는 권력자에게 미움을 받아 위험에 처했다는 것을 알 수
있습니다. 당시 홍국영은 정조 대왕과 아주 가까운 권력자였습

니다. 정조 대왕을 왕으로 만드는 데 큰 공을 세운 사람이어서 엄청난 권력을 휘두르고 있었지요.

이런 홍국영에게 평소 올바른 말을 하고 타협하지 않는 연암이 곱게 보일 리가 없었지요. 더구나 선비들에게 존경을 받는 사람이니, 자신의 마음대로 권력을 휘두르는 홍국영의 입장에서는 미워할 수밖에 없었을 것입니다. 홍국영에게 미움을 샀다는 것은 죽음이 코앞에 있다는 말과 다를 게 없었습니다.

이 위험을 피해 박지원은 가족과 함께 개성에서 30리 정도 떨어진 연암(燕巖)이라는 골짜기로 갔습니다. 42살 되던 1778년의 일이었습니다. 연암은 '제비 바위'라는 뜻인데, 우리가 잘 알고 있는 박지원의 호 연암은 바로 이 골짜기 이름에서 온 것이지요.

그곳에서 연암은 농사를 지으며 2년 정도 살았습니다. 처음 해 보는 농사일이 여간 힘든 것이 아니었지만 연암은 그런 고생을 묵묵히 견뎌 나갔습니다.

연암은 고생스럽지만 신념을 지키는 길을 택한 것입니다.

과거를 거부하고 벼슬길로 나가지 않는 것.

권력자에게 아첨하거나 적당하게 타협하지 않는 것.

이런 것들은 모두 자존심과 신념을 지키려는 연암의 굳은 의지를 잘 보여 주고 있습니다.

3. 낡은 생각을 깨다

조선 시대의 선비들은 모두 글을 쓰는 문장가라고 할 수 있습니다. 시인이요 작가인 것이지요.

이 많은 조선 시대의 문장가들 중에서 연암 박지원은 우뚝 솟은 문장가입니다. 200년 이상이 흐른 지금까지 연암의 글은 생생하게 살아서 전해지는 것만 봐도 알 수 있지요.

어떤 이유로 연암의 문장은 우뚝 솟아 있을까요?

무슨 힘으로 오늘날까지 살아서 소중하게 읽히고 있을까요?

물론 연암의 글솜씨가 뛰어난 점도 있을 것입니다. 그러나 단순히 글솜씨로 말한다면 역사 속에서 연암 못잖은 문장가들도 많았을 것입니다.

연암을 연암으로 만든 것은 솜씨나 기술이 아니었습니다. 연암을 우리 앞에 우뚝 솟아 있게 만든 그것은 무엇이었을까요?

그건 글쓰기의 태도와 정신입니다. 다시 말해서 자연과 인간을 어떻게 보고 어떻게 써야 하는가에 대한 남다른 태도와 정신을 연암은 가지고 있었던 것입니다.

연암은 그 당시 유학자들과 문장가들이 글을 쓰는 태도와 정신에 문제가 많다고 판단했습니다. 대다수의 문장가들이 옛글을 모방하기에 바빴던 것입니다. 여기서 말하는 옛글이란 먼 옛날 중국 땅에 있던 나라들, 춘추 전국, 한나라, 당나라 시대의 중국 문장가들이 쓴 글을 가리킵니다.

그런 옛날의 중국 문장가들은 그 당시 자신들의 현실을 보고 느끼며 글을 썼습니다. 그렇게 해서 잘 쓴 글은 그 시대의 진실이 담기게 된 것이지요. 그런데 천 년도 더 지난 조선에서 그런 옛날 중국의 글과 닮으려고 애쓰고 있었던 것입니다.

이런 태도와 정신으로야 지금 조선의 현실을 담아낼 수 없겠지요. 연암은 이런 식으로 글을 쓰는 당시의 문장가들을 못마땅하게 생각했습니다.

연암의 그런 생각이 잘 나타나 있는 다음의 글을 한번 읽어 볼까요?

마치 거울이 물건을 비추듯이 하면 비슷하다고 할 수 있을까? 거울에 비춰지면 오른쪽, 왼쪽이 서로 반대가 되니 어떻게 비슷하겠는가.

그렇다면 물 위에 어떤 모양이 비친 것을 비슷하다고 말할 수 있을까? 밑과 머리가 뒤집혀 나타나니 어떻게 비슷할 수 있겠는가.

그림자가 물체를 따라다니듯 하면 비슷하다고 할 수 있을까? 그림자는 한낮에는 난쟁이가 되었다가, 해가 기울어지면 키다리가 되니 어떻게 비슷하다 할 수 있겠는가.

그림으로 어떤 물체를 그리듯 하면 비슷하다 말할 수 있을까? 그림 속에서는 길 가는 사람이 움직이지 않고, 말하는 사람은 목소리가 없으니 어떻게 비슷하다고 할 수 있겠는가.

그렇다면 끝내 비슷하게 만들 수는 없는가?

대체 어째서 비슷하게 만들려고 하는가? 비슷하게 만들려고 하는 것은 그 자체가 벌써 진짜가 아니다.

이 글은 연암이 이서구의 《녹천관집》이라는 책에 머리말로 써 준 〈녹천관집서〉라는 글의 한 부분입니다.

어떤 것을 비슷하게 흉내 내려 하여도 결코 비슷하게 될 수 없다는 것을 연암은 여러 가지 예를 들어서 말하고 있습니다.

그런 다음 묻습니다.

왜 비슷하게 만들려 하느냐?

즉 왜 옛사람과 비슷한 글을 쓰려고 하느냐, 라고 묻는 것입니다.

말을 뒤집으면 왜 네 자신의 개성적인 글을 쓰려고 하지 않느냐? 지금의 조선 사람이 지금의 조선 사람다운 글을 쓰지 않고 왜 옛날 중국 사람과 비슷한 글을 쓰려고 하느냐?

당시의 수많은 문장가들, 중국의 옛글을 열심히 모방하고 있는 선비들의 심장을 뜨끔하게 만드는 날카로운 질문이 아닐 수 없습니다.

그렇다면 그 당시의 대다수 문장가들은 왜 중국의 옛글을 모방하고 있었을까요?

왜 당시의 조선 현실, 조선의 자연과 조선 사람들의 삶에 대해 쓰지 않았을까요?

연암은 그 이유를 당시의 양반 유학자들이 낡은 사고, 틀에 박힌 관념에 빠져 있었기 때문이라고 판단했습니다. 옛날 중국의 사상과 관념이 옳고, 그것은 변하지 않는 진리라는 생각 말입니다. 그래서 그때 쓴 문장을 모방하려 한 것이지요.

그런데 앞에서 보았듯이, 18세기에는 한족의 명나라는 이미 망해 버린 뒤였습니다. 한족이 오랑캐라고 부르는 만주족이 세운 청나라가 강대한 제국으로 중국을 지배하고 있었지요.

그런데도 양반 유학자들은 그 옛날 중국의 문화와 사상을 떠받들고 그대로 따르려고 했습니다. 조선을 망해 버린 중국의 문화와 사상을 지키는 나라, 즉 '작은 중국'이라 생각하면서 자만심을 느끼고는 했지요.

연암은 이런 양반 유학자들의 태도와 정신, 글쓰기를 날카롭게 비판했습니다. 조선의 현실을 제대로 보지 않고 과거의 중국에 사로잡힌 허위의식을 참을 수 없었던 것이지요. 연암의 글쓰기는 그런 낡은 생각을 깨려는 태도와 정신에서 솟아 나왔던 것입니다.

　　연암은 당시 조선의 현실을 정직하고 진실한 눈으로 보려 했습니다. 그런 눈으로 봐야 무엇이 문제인지, 어떻게 그런 문제들을 풀어 나갈 수 있는지 알 수 있을 테니까요.
　　그런 연암이 아주 궁금하게 생각하던 것이 있었습니다.
　　압록강 너머의 저 거대한 청나라는 어떠한 나라인가?
　　저 대륙의 자연과 도시는 어떤 모양일까?
　　저 나라 사람들은 어찌 살고 있을까?
　　마침내 그런 궁금증을 풀 수 있는 기회가 찾아왔습니다.
　　1780년 여름.
　　44살인 연암은 압록강을 건너 청나라로 가게 된 것입니다.

전통 시대 조선 지식인들의
문화 교류 통로가 된 청나라 연행 노정 《연행도》

조선 사신단의 중국 청나라 사행길 풍경을 파노라마처럼 펼쳐 놓은 그림첩이다. 조선 사신단은 육로를 이용해 청나라 연경으로 향했는데, 그 여정과 연경에서의 공식 행사, 연경 내에서의 자유로운 유람의 과정을 1폭의 발문과 13폭의 그림으로 정리했다. 연경으로 들어가는 경로와 조공 절차가 한눈에 그려진다. 한 폭의 크기가 35.4x45.3센티미터인데, 14폭을 627.2센티미터 길이의 종이에 세로로 이어 붙여서 제작한 것으로 보아 본래 책 형태의 화첩이었을 것으로 짐작한다.

제1폭 〈조선사신부연경시연로급입공절차〉
청나라에 파견된 조선 사신단이 정월 초하루 연경의 자금성 태화전에서 청나라 황제를 알현하고 신년 하례할 때 알아 두어야 할 의식 절차를 설명하고 있다.

제1폭 〈조선사신부연경시연로급입공절차〉부터 〈구혈대〉, 〈만리장성〉, 〈영원성 패루〉, 〈산해관 동라성〉, 〈망해정〉 등 제6폭으로 이어지는 그림은 한양에서 출발한 사절단이 산해관으로 들어가기까지의 절차와 그 과정에서 거쳐 간 주요 사적이며, 제7폭부터 제9폭의 〈조양문〉, 〈태화전〉, 〈조공〉은 실제 청나라 황제를 만나는 행위를 소재로 했다. 제10폭부터 제14폭의 〈벽옹〉, 〈오룡정〉, 〈정양문〉, 〈유리창〉, 〈서산〉은 가장 중요한 임무인 황제를 만나고 난 뒤 사신단이 연경 일대를 유람하면서 들른 주요 관광지나 명승지이다.

제2폭 〈구혈대〉
구혈대의 위치는 정확하게 밝혀지지 않았다. 지금의 흥성시 수산으로 추정된다.

제3폭 〈만리장성〉

깎아지른 산 사이로 끝없이 이어지는 만리장성을 담았다.

제4폭 〈영원성 패루〉

영원성은 둘레가 3728미터에 달하는 성으로, 지금도 옛 모습이 잘 보존되어 있다. 2개의 패루가 들

제5폭 〈산해관 동라성〉
산해관은 만리장성 동쪽 끝에 자리하고 있는 중요한 관문의 하나로, 사신단 일행은 매우 엄격한 통
관 절차를 거쳐 이곳을 통과해야 했다. 산해관을 향해 한 발 한 발 다가가는 사신단의 모습이 보인다

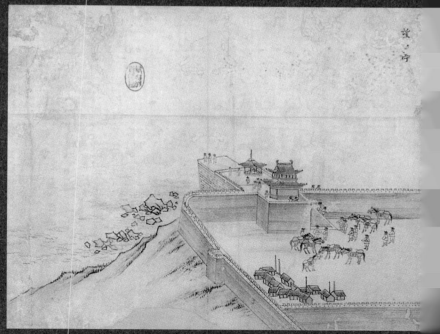

제6폭 〈망해정〉
마침내 산해관을 통과했다. 산해관 남쪽에 자리한 망해정에 올라 한숨 돌리는 사신단의 모습이다.

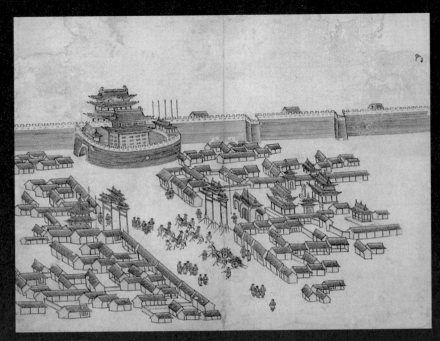

제7폭 〈조양문〉
조선 사신단이 연경성 동쪽 문인 조양문으로 들어가고 있다.

제8폭 〈태화전〉
연경에 있는 태화전은 나라의 중요한 행사를 치르던 곳이다. 이제 연암을 비롯한 사신단 일행은 이곳 태화전에서 청나라 황제 건륭제의 70회 생일 축하 행사에 참석하게 된다.

제9폭 〈조공〉
궁궐 밖으로 행차 중인 청나라 황제를 조선 사신단이 공복을 갖추어 입고 맞이하고 있는 장면이다. 오른쪽 아래가 조선 사신단의 모습이다.

제10폭 〈벽옹〉
고위 관료의 자식, 지방 학교 추천을 받은 우수한 학생이 입학하던 중국 최고 교육 기관 국자감의 중심 건물 벽옹이다. 둥근 연못 위에 지어서 네 방향으로 놓인 돌다리를 통해 물을 건너 드나든다.

제11폭 〈오룡정〉
오룡정은 연경 서북쪽에 있는 다섯 개의 정으로, 모두 물 위에 떠 있다. 지금도 많은 사람들이 찾는
관광지이다.

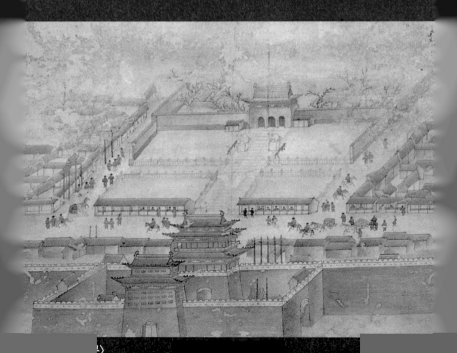

〈　　〉
황제의 궁전이다.

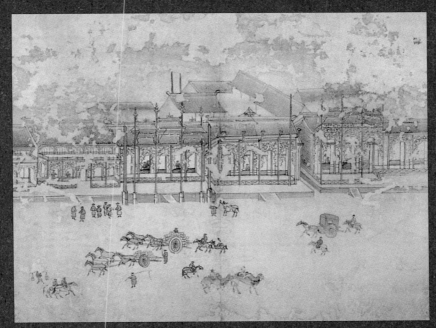

제13폭 〈유리창〉
유리창은 연경의 유명한 서점 거리이다. 조선의 사신들은 서책과 서화를 사러 이곳에 꼭 들르곤 했다.
화려한 상점들과 낙타는 좋은 구경거리였다.

제14폭 〈서산〉
서산 원림 중 하나인 청의원(지금의 베이징 이화원)의 곤명호를 둘러싼 풍경이다. 곤명호는 절강성(저
장 성) 항주(항저우)의 서호를 본떠 만든 대규모 인공 호수이다.

3부

《열하일기》

들여다보기

1. 넓은 세상을 만나다

여러분이 외국 여행을 가는 것을 상상해 볼까요?

자, 오늘이 출발하는 날입니다.

어떻게 할까요?

꾸려 둔 가방이나 배낭, 캐리어를 끌고 영종도나 각 지역의 국제공항으로 가겠지요. 물론 해외여행이니까 여권을 챙겨야지요.

공항에서 출국 수속을 마치고 시간에 맞춰 비행기를 탈 것입니다.

마침내 비행기가 활주로를 미끄러져 이륙하고, 점점 땅이 저 아래로 멀어지더니 얼마 지나지 않아 바다가 나오고…….

순식간에 우리나라를 떠나게 된 것이지요.

그런데 18세기 후반, 청나라로 떠나는 연암 일행의 외국 여행은 어떤 모습이었을까요?

역사 속으로 들어가서 상상해 볼까요?

연암 박지원의 사행 경로

열하

열하는 연경에서 동북쪽으로 230킬로미터쯤 떨어진 무열하 서쪽 지역으로, 주변에 온천이 많아 겨울에도 강물이 얼지 않아서 '열하'라는 이름을 얻었다. 건륭제는 이곳에 '피서산장'이라는 거대한 별궁을 짓고서 해마다 행차하여 오랜 시간 머물렀다. 이러한 까닭에 연경 못지않은 정치적 중심지로 자리 잡게 되었고, 청나라 황제를 알현하려는 외국 사신단의 발길이 끊이지 않았다. 연암 박지원을 포함한 조선 사신단은 열하에 방문한 최초의 조선 사신단이었다. 연암은 연경과 열하에서 접한 청나라의 진귀한 문물을 생생하게 기록으로 남기고 그 책의 제목도 《열하일기》라고 붙였다.

대릉하

▲만추산

열하

홍릉
고북구
밀운

만 리 장 성

영원

수중

연경(북경)

산해관

계현

진황도

당산

▲수양산

연경

1780년 음력 5월 말 한양을 출발한 박지원과 조선 사신단은 압록강을 건너고 요동 벌판을 거쳐 8월 초 연경(북경)에 도착했다. 그런데 당시 열하에 머물고 있던 건륭제의 명에 따라 만리장성 너머 열하까지 다시금 여정을 이어 가야 했다.

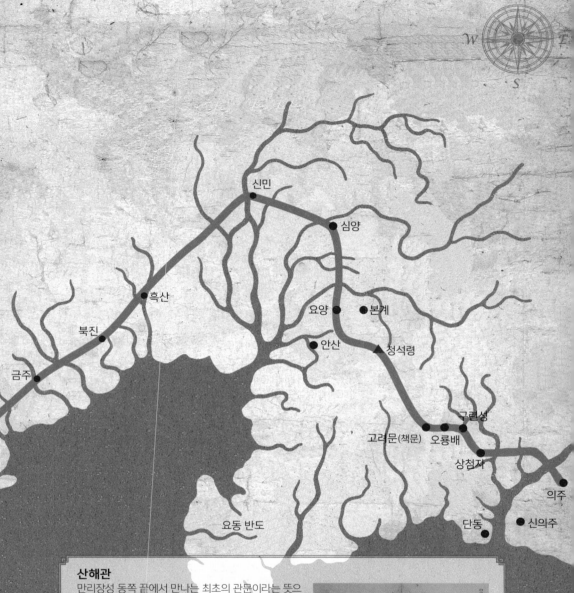

신민

심양

흑산

북진

요양
본계

금주

안산
청석령

구련성

고려문(책문)
오룡배

상첨자

의주

요동 반도

단동
신의주

산해관

만리장성 동쪽 끝에서 만나는 최초의 관문이라는 뜻으로 '천하제일관'으로 불린다. 산해관은 명나라 때에 이르러 오랑캐의 침략을 막는 최전방으로서 군사적인 중요성이 부각되었고, 이후 행정적·상징적 경계로 이용되었다. 따라서 이곳을 통과하는 데 매우 엄격한 절차와 심사를 거쳐야 했는데, 실제로 산해관 '안'으로 들어서야만 청나라에 온 것이나 마찬가지였다. 연암 박지원을 비롯한 조선 사신단 역시 엄격한 절차와 심사에 따라 이 관문을 통과하며 비로소 청나라에 왔음을 실감하고 한숨 돌렸을 것이다.

한양(서울)에서 출발할 때부터 정말 어마어마했을 것입니다. 삼백여 명의 사람들이 큰 무리를 이뤄서 떠나는 여행이기 때문만은 아닙니다. 사람도 사람이지만 짐이 엄청났을 것입니다. 그 많은 사람들이 먹고 자는 데 필요한 물품을 다 가져가야 했을 테니 말이지요.

말과 노새 같은 동물들도 수백 마리가 필요했을 것입니다. 그 동물들은 사람들이 타는 교통수단이고 짐을 싣는 운송 수단이기도 했습니다. 그러니 수백 명의 사람과 수백 마리의 동물들, 어마어마한 짐이 뒤엉켜 출발의 풍경은 난리 법석이었겠지요.

그렇게 수백 명의 사람들과 수백 마리의 짐승들, 바리바리 꾸린 짐들이 긴 행렬을 이뤄서 압록강까지 몇 날 며칠이고 걷고 또 걷습니다.

드디어! 압록강에 도착했습니다.

그런데 그때는 한여름.

비가 엄청 쏟아져서 압록강 물이 너무 불어 강을 건널 수가 없었습니다.

초조하게 며칠을 기다리던 사신단은 위험을 무릅쓰고 압록강을 건너기로 합니다. 청나라 수도인 연경까지 도착해야 할 날짜가 있으니 더 이상 기다릴 수 없었던 것이지요.

이날이 1780년 음력 6월 24일입니다. 연암은 《열하일기》에서 압록강을 건너던 날의 일들을 이렇게 적고 있습니다.

이처럼 큰 강들은 그 상류가 가무는지 장마인지 그 먼 곳의 사정은 알 수가 없다. 그런데 오늘 강물이 불어 넘친 모양으로 봐서 백두산 일대가 장마임을 짐작할 수 있다. 이렇게 물이 거세게 흐르니 배 젓는 자가 조금만 실수를 한다면 큰 사고가 날 수도 있는 형편이다. 일행 중에 청나라를 다녀 본 역관들은 이전에 혼이 난 경험을 말하면서 날짜를 미뤄야 한다고 말했다. 의주 부윤도 비장을 시켜 며칠 늦추라고 출발을 말렸다. 하지만 정사는 이날 강을 건너기로 결심하고 임금에게 올리는 장계에도 날짜를 그렇게 적어 버렸다.

(중간 생략)

준비된 배는 불과 다섯 척으로 한강 나룻배보다는 조금 컸다. 먼저 배 세 척에 짐과 말 등을 실어 건너게 했다. 나머지 두 배에는 정사와 부사가 각각 한 배씩 타고 사람들도 나눠서 탔다. 이때 강둑에서는 의주의 여러 관리와 사람들이 늘어서서 작별 인사를 했다.

배가 출발한다는 외침과 함께 사공은 긴 삿대로 언덕을 힘껏 밀었다. 물길이 급한 데다 사공들이 함께 힘을 써서 삿대질을 하니 배가 쏜살같이 달린다.

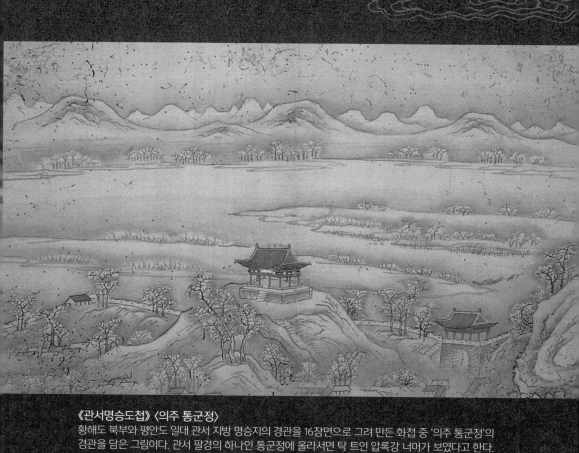

《관서명승도첩》〈의주 통군정〉
황해도 북부와 평안도 일대 관서 지방 명승지의 경관을 16장면으로 그려 만든 화첩 중 '의주 통군정'의
경관을 담은 그림이다. 관서 팔경의 하나인 통군정에 올라서면 탁 트인 압록강 너머가 보였다고 한다.

배는 어느새 건너편 언덕에 닿았다. 갈대가 엉켜 땅바닥을 볼 수 없었다. 하인들은 앞을 다투어 뛰어내렸다. 땅이 진흙처럼 질척거렸다. 긴 칼로 갈대를 베고 멍석을 깔고서야 겨우 배에서 내릴 수 있었다. 배에서 내린 사람들은 갈대숲 속에서 어디로 가면 좋을지 몰라 멍한 얼굴들로 서 있었다.

길고 험난한 과정을 거쳐 압록강을 건넌 연암 일행이 발을 디딘 땅은 어디였을까요?

일제 강점기에는 만주라고 했는데, 조선 시대에는 요동이라 했습니다. 지금은 중국 땅이지요.

이 땅은 역사를 거슬러 올라가면 우리 조상들의 땀과 피가 서려 있는 땅이기도 합니다. 삼국 시대 고구려가 터를 잡았던 땅이니까요.

낯선 땅에 발을 디딘 연암은 그런 역사를 회상하면서 감회에 잠기기도 합니다.

높은 언덕에 혼자 올라가 사방을 둘러보니 산과 물이 시원하게 잘 보였다. 멀리까지 펼쳐진 벌판 저쪽 지평선에 군데군데 숲이 보였다. 그 사이로 마을들도 아득하게 보였다. 개 소리, 닭 소리가 금방이라도 들려오는 것만 같았다. 땅은 곡식을 심기 좋게 기름져 보였다. 대동강 서쪽에서 압록강 동쪽까지 이만한 땅을 볼 수 없을 만큼, 큰 고을이라도 자리 잡을 수 있을 정도로 넓어 보였다. 하지만 조선이나 청나라 모두 이곳을 내버려 두기 마련이라 아주 빈터가 된 상태였다.

어떤 사람은 일찍이 고구려가 도읍했던 국내성이 이곳이라고 한다. 명나라 때는 이곳에 진강부란 관청을 두었다. 청나라가 커지면서 요양이라는 성을 함락할 때에 이곳 백성들은 난리를 피해 도망을 가 버렸다. 이 땅은 이후 백여 년 동안 빈터로 되어 높은 산, 맑은 물, 쓸쓸한 경치로나 남아 있을 뿐이다.

연암은 고구려가 융성했을 때 압록강 건너의 넓은 땅을 차지했다는 역사를 생각하고 있습니다. 그때 고구려의 수도였던 국내성 자리가 이곳이 아닌가 짐작을 해 보는 것이지요.

고구려가 멸망한 통일 신라 이후, 압록강 건너 땅은 여러 이민족이나 한족(漢族)이 세운 나라들의 땅이 되었다고 할 수 있습니다. 조선 때는 명나라 관청이 있었다가 청나라가 중국을 차지하면서 비어 있게 된 것이지요. 저 과거의 역사에서 고구려 땅이었던 곳을 가니 연암은 감회가 새로웠겠지요.

그렇다고 연암이, 이곳이 한때 고구려가 자리 잡았던 땅이니

다시 우리의 땅이 되어야 한다는 주장을 하려는 것은 아닙니다. 그런 식으로 각 민족들이 과거 역사에서 자신의 민족이 차지했던 땅의 소유권을 주장한다면 전 세계는 엄청난 혼란에 빠지겠지요.

몽고 민족이 자신들이 세웠던 원나라 땅의 소유권을 주장하는 상황을 생각해 보면 금방 이해할 수 있지요. 원나라는 유럽까지 차지할 정도로 거대한 제국이었으니 말입니다.

다만 압록강을 건너 넓은 요동 벌판을 보게 된 연암의 감회라 할까요. 하지만 이 정도의 감회는 별것도 아니었습니다. 거기서 10여 일을 더 가서 만난 광활한 요동 벌판은 연암의 눈을 아찔하게 합니다.

그 충격을 쓴 《열하일기》의 한 부분은 〈호곡장(好哭場)〉이라는 제목까지 붙어서 전해지고 있습니다. 호곡장은 '울기에 좋은 터'란 뜻이지요. 7월 8일의 기록입니다.

말을 채찍질하여 조금 더 달려 산기슭을 벗어나자 눈앞이 아찔해지며 벌어진 광경은 어마어마했다. 헛것이 보인 것이 아닌가 할 정도였다. 깜짝 놀라서 말을 멈추고 사방을 휘둘러보았다. 까마득해서 사방의 하늘과 땅이 아득하게 맞닿아 있었다. 그 광경에 나도 모르게 감탄의 소리가 터져 나왔다.

"한바탕 울 만한 자리로구나!"

연암이 이 광활한 요동 벌판을 보고 한바탕 울 만한 땅이라고
한 것은 왜일까요?

연암은 사람의 감정 중에서 제일 솔직한 것이 울음이라 주장
합니다. 자연스럽게 터져 나오는 울음이야말로 제일 정직한 감
정이라는 뜻입니다.

그래서 이렇게 엄청난 넓은 땅을 보니 감정이 솟구치고, 솔직
한 감정으로 목청껏 울음을 터뜨리고 싶다는 것입니다. 어린아
이가 엄마 배 속에서 세상에 나올 때 울음을 터뜨리는 것도 환한
세상을 만난 아이의 감정이라고 덧붙이기도 합니다.

여러분은 어떻게 생각하세요?

눈이 휘둥그레지고 입이 딱 벌어지는 장엄한 자연을 만난 때
어떤 감정이 들까요? 그냥 솔직하게 울음을 터뜨리고 싶다는 연
암의 심정이 이해가 되나요?

압록강을 건넌 연암은 먼저 이렇게 넓은 세상을 만났습니다.

이제 고생스럽지만 흥미진진한 여행이 본격적으로 시작됩니다.

2. 온갖 경험을 몸으로 겪는 체험의 여행

자, 이제 여러분은 외국의 공항에 도착했습니다. 배를 타고 여행을 떠난 사람들은 항구에 도착하겠지요.

공항이든 항구든 외국 땅에 발을 디딘 후에 여행은 어떤 식으로 진행될까요?

버스, 택시, 지하철 등 무언가를 타겠지요. 그리고 낮에는 이곳저곳 여행지를 이동한 후 저녁이 되면 호텔 등 숙소로 들어갈 것입니다. 물론 아침, 점심, 저녁 등 모든 식사는 식당에서 해결할 것이고요.

그럼 연암 일행의 청나라 여행은 어떤 식으로 진행되었을까요? 밥은 어떻게 먹고 잠은 어떻게 잤을까요? 궁금하지 않나요?

자, 《열하일기》 속으로 들어가 봅시다.

들판에서 잠자리를 마련할 수밖에 없었다. 들판 여기저기 적당한 자리에 몇 명씩 잠을 잘 수 있는 장막을 세울 자리를 잡았다.

냇물이 뒤쪽으로 흐르는 장소들에 나무를 베어 중심을 세우고 장막을 쳤다.

장막을 친 다음 식사 준비를 시작하였다. 밥 짓는 연기는 자욱하게 하늘로 올라가고 사람들이 와글와글 떠드는 소리가 조용했던 들판을 흔들었다. 말 울음소리까지 시끄러워서 마치 동네 하나가 생긴 듯했다. 의주에서 온 장사꾼들 한 패거리는 자기들끼리 자리를 잡고 냇가에서 닭 수십 마리를 잡아 씻었다. 그물로 고기를 잡는 사람, 국을 끓이는 사람, 나물을 삶는 사람 등 온통 저녁 준비로 야단이었다. 밥솥을 여니 하얀 밥알이 반질반질 기름이 돌았다.

저녁을 먹고 나니 날은 이미 저물었다. 어둠을 밝히려 화톳불을 서른 곳이나 피웠다. 날이 새도록 화톳불을 밝힐 작정으로 한 아름이나 되는 큰 나무들을 베서 불을 피웠다.

그런데 여기는 호랑이가 자주 나타나는 위험한 지역이라는 것이다. 그래서 나팔을 부는 병사를 배치해서 일정한 시간에 불게 하였다. 병사가 나팔을 불면 삼백여 명 일행이 한꺼번에 고함을 질렀다. 호랑이가 접근하는 것을 이렇게 막는 것이다.

압록강을 건넌 첫날, 들판에서 야영을 하는 장면입니다.
현대의 해외여행과 비교하면 어떤가요?

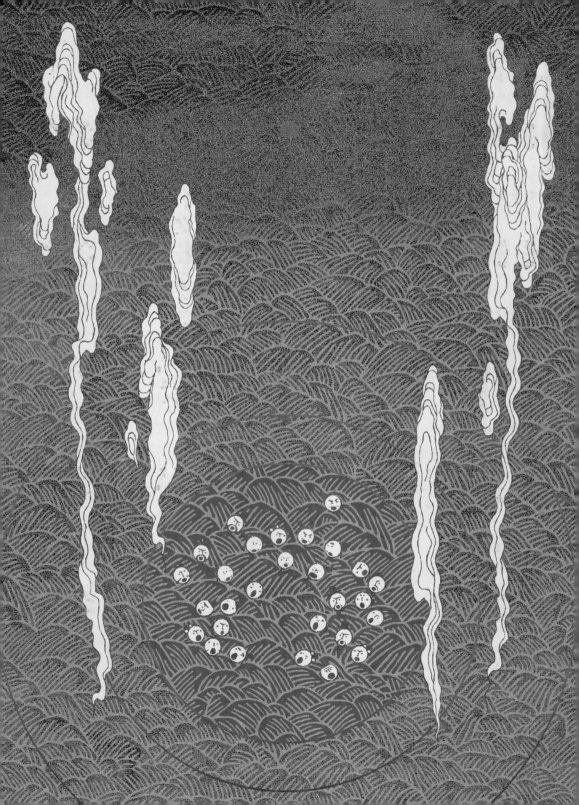

'이게 도대체 무슨 풍경인가?' 깜짝 놀랄 정도로 황당하게 보이지요?

해외여행인데 들판에서 자기들 스스로 밥을 해 먹고 잠자리를 만들다니 말입니다. 더구나 호랑이가 나타날까 무서워서 수백 명이 고함을 지르는 풍경이라니……. 사자나 표범 같은 맹수가 뛰어다니는 아프리카 사파리에서 죽음의 위험을 무릅쓰고 야영을 하는 풍경 같지 않나요?

식당에서 차려진 밥을 먹고 호텔 침대에서 편하게 잠자리에 드는 현대의 여행자들은 상상도 못 할 장면들이지요. 이런 해외여행을 가라면 아마 대부분의 현대인들은 '앗, 뜨거워라!' 도망을 치지 않을까요?

그렇지만 전통 시대의 여행은 지금처럼 편하지 않았습니다. 자동차나 기차 등 현대의 교통수단이 없었고, 대개의 이동은 마냥 걷거나 기껏 말을 타는 정도였습니다.

그렇게 걷다가 식사 때가 되면 가지고 다니는 취사도구와 식량으로 밥을 해 먹었고, 밤이 되면 들판이나 산기슭에서 야영을 할 수밖에 없었습니다. 물론 이때도 마을이나 도시로 들어가면 밥을 사 먹고 여관에서 잠을 잘 수 있었지요. 하지만 식당이나 여관이 없는 곳에서는 여행자들 스스로 밥을 해 먹고 잠자리를 마련할 수밖에 없었습니다.

어떤가요?

현대의 여행과 과거의 여행을 비교해 보면 말입니다.

현대의 여행은 쉽고 편하고 과거의 여행은 어렵고 힘들었겠지요.

그런데 그게 다일까요?

이렇게 몸으로 겪고 경험하는 여행은 여행자에게 더 깊은 체험으로 남지 않을까요? 쉽고 편한 것만을 추구하는 많은 현대인들이 한번 깊이 생각해 볼 문제입니다.

전통 시대의 여행, 몸으로 겪고 경험하는 여행, 체험의 여행 모습을 《열하일기》에서 두 부분 더 읽어 볼까요?

밤 깊어 밀운성에 도착하였다. 잠을 잘 만한 집을 찾았으나 모두 대문을 닫아걸어 버린 상태였다. 문을 두드리고 고함을 치고 돌아다니니 겨우 한 집에서 문을 열고 나왔다.

(중간 생략)

나는 하도 피곤해서 대청마루에 쓰러지듯 드러누웠다. 그런데 갑자기 온몸이 견디기 어렵게 가려웠다. 옷을 헤치고 긁어 대니 이가 우수수하고 떨어졌다.

배가 고파서 잠이 들지 않았다. 일어나서 밥이 다 되었는지 물었다. 시대라는 하인이 빙긋이 웃으면서 아예 밥을 짓지 않았다고 했다. 그게 무슨 말인가 했더니 밤이 너무 깊어서 밥을 지을 물이나 나무를 구할 수가 없다는 거였다. 물이 없고 나무가 없으니 배가 고프면 그냥 생쌀을 씹어 먹을 수밖에 없는 형편이었다.

(중간 생략)

여기까지 오는 나흘 동안 밤낮없이 잠 한숨 제대로 자지 못했다. 걸어서 가는 하인들은 너무 졸려서 걸을 때나 멈춰 있을 때나 모두 선 채로 잠을 잤다. 말을 타고 가는 나 역시 너무 졸려서 견딜 수가 없었다. 눈꺼풀이 너무 무거워 눈을 뜨기 힘들었고 겨우 눈을 뜨면 보이는 것이 흐릿하게 안개 속에 잠겨 있는 것 같았다. 꿈속에서 헤매는 것 같기도 했고 술에 취해서 보이는 것이 흐물흐물 흔들거리고 있는 것 같기도 했다. 이런 상태로 흔들거리다 말에서 떨어질 뻔했다가 깜짝 놀라 겨우 정신을 차리기도 했다.

몸을 긁으니 이가 우수수 떨어지다니……

'으악!' 여러분은 놀라서 비명을 지르겠지요. 너무 지저분하다고 고개를 흔들기도 할 거고요.

하지만 과거의 여행자들이 지저분해서 이런 것은 아닙니다. 당시는 긴 여행을 하다 보면 목욕을 하기도 어렵고 옷을 자주 갈아입을 수도 없으니 어쩔 수 없었던 것이지요.

게다가 물이 없고 나무가 없어서 밥도 못 하고 생쌀을 씹기도

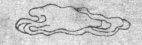

합니다. 잠을 제대로 못 자는 것은 너무 힘이 들겠지요. 그래도 연암 일행은 참고 견디면서 길을 갑니다.

흔히 "집을 나오면 고생"이라는 말을 하곤 하는데, 과거의 여행을 생각하면 정말 맞는 말이 아닐 수 없지요. 요즈음 여행에 이 말을 쓰는 것은 엄살로 여겨집니다.

연암이 겪었던 여행이야말로 땀과 열정이 없으면 견디기 어려운 여정이라 하겠지요.

이렇게 전통 시대의 여행은 현대의 여행과는 너무나 다른 모습입니다.

정말로 온갖 고생을 몸으로 겪고 경험하는 체험 여행이었지요.

《열하일기》는 땀과 열기로 가득한 이 체험의 여행에서 탄생한 것입니다.

3. 마음이 중심이다

　연암 일행이 청나라를 여행하는 모습을 잠깐 들여다보았지요.

　한마디로 지지리 고생을 하는 여행이라 할 수 있습니다. 우리
는 상상하기도 어렵겠지요. 현대인이 여행할 때 이용할 수 있는
교통수단이나 편의 시설이 거의 없었으니까요.

　이런 고생을 며칠도 아니고 몇 달 동안 해야 합니다. 당시 조
선에서 청나라를 갔다 오려면 최소한 서너 달은 걸렸으니 말입
니다.

　연암은 무엇으로 이 어려운 과정을 극복해 나갔을까요?

　그것은 마음입니다.

　물론 겉으로는 이런 고생을 겪고 경험하는 것은 몸입니다. 그
러나 마음이 굳게 중심을 잡고 흔들리지 않아야 몸도 고생을 이
겨 낼 수 있겠지요. 이것이 어려움을 극복하는 삶의 지혜라 할
수 있습니다.

　《열하일기》에는 연암이 우리에게 주는 이런 삶의 지혜가 있습

〈대릉하〉
청나라 사행길을 기록한 그림들 가운데 하나이다. 요령성 능원현 경계에 있는 '대릉하'는 사행 여정 중 규모가 큰 하천으로, 비가 와서 물이 불어나면 배를 타지 않고서는 건널 수 없었다. 적지 않은 수의 인원이, 더구나 많은 짐을 가지고서 하천을 건너기란 결코 쉬운 일이 아니었다. 이런 장애물 앞에서도 연암은 '마음의 중심을 굳게 잡아야 두려움을 이길 수 있다'라는 지혜를 깨닫는다.

니다. 그것도 딱딱한 교훈의 말이 아니라 스릴 넘치는 장면을 통해서 자연스럽게 흘러나오는 것입니다.

물은 두 산 사이에서 나와 바위와 마주치면서 싸움을 하듯이 흘러내린다. 마치 놀란 파도와 성난 물결이 울부짖고 고래고래 소리를 치는 듯 엄청난 기세로 쏟아져 내린다. 만리장성도 부서뜨릴 기세인데 만 대의 전차, 만 명 기병, 만 개의 대포, 만 개의 쇠북으로도 이 엄청난 소리를 나타낼 수 없을 것이다.

모래발 위 큰 바위는 어둠 속에 우뚝하게 섰고 강 언덕에 버드나무 숲은 머리를 푼 물귀신처럼 축축 늘어졌다. 강 도깨비가 여기저기서 튀어나와 사람을 놀리고 검푸른 용이 물결 위로 날뛰는 것 같았다. 사람들이 말하기를 여기는 옛날 전장터이니 죽은 병사들의 원혼이 맺혀서 이렇게 운다고 한다.

(중간 생략)

이렇게 거세게 흐르는 강물을 건널 때는 사람들은 고개를 들고 하늘을 쳐다본다. 이것을 보고, 나는 사람들이 하늘을 보면서 기도를 하는구나 생각을 했다. 그런데 뒤에 알고 보니 그게 아니었다. 고개를 내려 강물이 넘실넘실 흐르는 것을 보면 자기 몸은 물을 거슬러 올라가는 것 같고 눈은 강물과 함께 떠내려가는 것만 같으니 갑자기 빙빙 도는 듯 현기증이 생긴다는 것이다. 하늘을

〈열하행궁〉
청나라처럼 드넓은 땅에서 연경을 출발해 만리장성 밖 열하까지 급히 가야 했던 연암 일행은 하룻밤 사이 강물을 아홉 번이나 건넜다. 그림 속 장소가 바로 그때 청나라 황제가 더위를 피해 집무를 보던 열하의 피서산장, '열하행궁'이다.

보고 기도를 하는 것이 아니라 물을 피하며 보지 않으려는 것이다. 눈으로 물을 보는 것이 두려운 것이다.

(중간 생략)

나는 오늘에야 지혜를 하나 깨달았다. 마음에 중심을 굳게 잡으면 귀와 눈이 무엇을 듣고 무엇을 본다 하더라도 흔들리지 않는다. 그러나 이런 마음의 중심이 없는 사람이 두려운 소리를 듣고 무서운 것을 보면 그것이 병이 돼 버린다. 오늘 내 마부가 말발굽에 발을 밟혔다. 하는 수 없이 내 손으로 말고삐를 잡고 강물로 들어갔다. 무릎을 구부려 발을 모으고 안장 위에 앉았다. 한 번만 까닥 균형을 잃으면 말 위에서 그대로 강물로 굴러떨어질 판이었다. 그러나 나는 듣는 것, 보이는 것에 흔들리지 않고 마음으로 중심을 잡았다. 그래서 강물을 땅으로 여기고 땅 위를 말 타고 가는 것으로 생각하니 거친 물소리와 넘실거리는 물결도 두렵거나 무섭지 않았다. 이런 마음으로 하룻밤에 아홉 번이나 강물을 건넜는데 말 잔등에 앉아 있는 것이 땅에서 의자 위에 앉아 있는 것 같은 느낌이었다.

《열하일기》속의 이 글은, 〈일야구도하기(一夜九渡河記)〉라는 제목이 붙어 있습니다. '하룻밤에 아홉 번 강물을 건넌 기록'이라는 뜻이지요. 연경(북경)에서 청나라 황제가 있는 만리장성 밖 열하로 부랴부랴 가는 도중에 있었던 일입니다.

여러분, 위의 장면을 읽으니 어떤가요?

이런 위험한 여행은 절대 가지 않겠다는 생각이 드나요?

밤에 거세게 흐르는 강물을 아홉 번이나 건너는 여행이라니! 현대인은 생각할 수도 없는 상황이지요. 그 시대의 사람들이라고 무섭고 두렵지 않았겠어요?

그러나 연암 일행은 물이 거세게 흐른다고 마냥 기다릴 수 없었습니다. 황제의 명령으로 열하까지 급히 가야 했으니 말입니다. 그래서 밤중에 다리가 없는 강을 이렇게 건너야 했던 것입니다.

이때 연암은 깨닫습니다. 단순히 머릿속으로 생각하는 것이 아닙니다. 위험을 무릅쓰고 몸으로 겪으면서 깨달은 것이지요.

'귀로 듣고 눈으로 보는 것에 휘둘리지 마라. 마음으로 중심을 잡아라.'

마음으로 굳게 중심을 잡아야 두려움을 이길 수 있다는 지혜가 잘 나타난 장면을 하나 더 읽어 볼까요?

어허! 여기는 옛날부터 싸움이 수없이 있었던 전장터이다.

(중간 생략)

성 아래에서는 무서운 싸움이 벌어지고 수많은 병사들이 죽었을 것이다. 비록 지금은 고요하지만 사방에 검은 산이 둘러싸고 있으니 골짜기와 골짜기에서 무서운 찬바람이 불어오는 것 같았다. 때는 바로 초승달이 비스듬히 떠올라 있는 깊은 한밤중이다. 양쪽 절벽은 깎아지른 듯이 높이 솟구쳐 올라 있었고 우리는 그 사이로 가야 했다. 나는 어릴 때부터 간이 작고 겁이 많았다. 때로는 대낮에 빈방에 들어가거나 밤중에 등불을 만나기라도 하면 머리끝이 쭈뼛 서고 가슴이 두근거리곤 했다. 올해 내 나이 마흔넷이지만 무서움을 타는 것은 어릴 때나 마찬가지다.

그런 내가 오늘 한밤중에 홀로 만리장성 밑에 우뚝 서 있는 것이다. 달빛은 희미하고 물소리는 울부짖는 것 같고 바람 소리는 쇄쇄 으스스하고 반딧불은 펄펄 날아서 듣는 것, 보는 것 모두 놀랍고 무서웠다. 그러나 들리는 것, 보는 것에 흔들리지 않으리라,

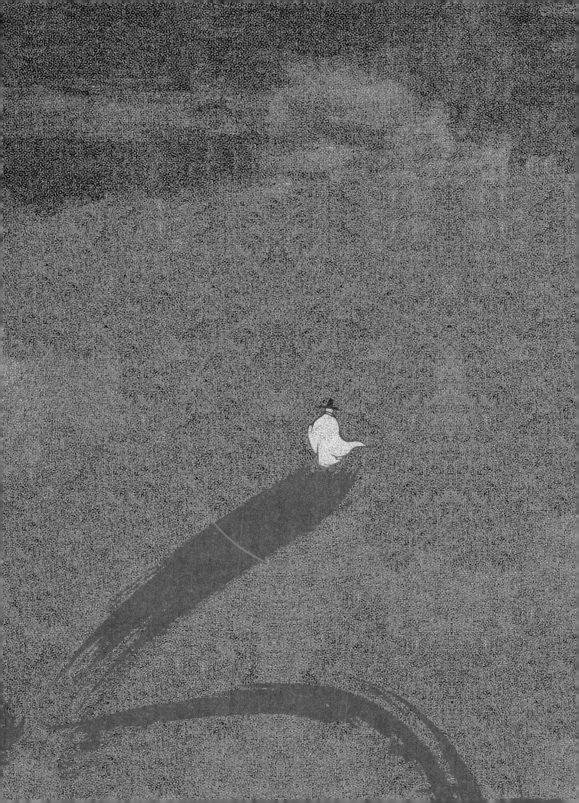

깊은 마음속에 중심을 잡으니 겁나는 마음이 싹 사라졌다. 온갖 모양의 바위, 갖가지 크기의 소리들, 모두 나를 놀라게 하지 못하는 것이다.

역시 《열하일기》 속에 있는 이 글은, 〈야출고북구기(夜出古北口記)〉라는 제목이 붙어 있습니다. '밤에 고북구를 빠져나온 기록'이라는 뜻이지요. 고북구는 역시 만리장성 밖 열하로 가는 도중에 있는 곳입니다.

연암은 어렸을 때 겁이 많았고 지금도 겁이 많다고 밝힙니다.

이렇게 겁이 많은 연암이 수많은 사람이 죽은 전장터를 한밤중에 지나고 있습니다. 달빛도 거의 없는 캄캄한 밤에 말이지요.

너무나 두려운 상황이지만 마음에 굳게 중심을 잡고 연암은 두려움에 맞섭니다. 그러니 들리는 것, 보이는 것에 흔들리지 않을 수 있었다는 것이지요.

아무튼 연암에게 청나라 여행은 이렇게 고생과 고난의 연속이었다 할 수 있습니다. 물론 사신단의 다른 사람들도 마찬가지였지요.

그런데 연암은 왕의 명령으로 청나라로 가는 정식 사신이 아니었습니다. 당시에는 아무 벼슬이 없었지요. 그냥 사신단의 정사(우두머리)인 친척 형에게 부탁해서 간 것이지요. 사신을 호위하는 군관이라는 자격을 얻어서 말이지요.

그런 연암이 굳이 이런 고생을 하면서 청나라로 간 이유가 있었을까요?

연암은 어떤 마음과 목적이 있었기에 이런 험난한 여행길을 선택했을까요?

《열하일기》를 읽으며 연암의 여행을 따라가는 우리의 독서 여행, 그것은 곧 그 이유를 찾는 여행이 되지 않을까요?

4. 열린 정신으로 보아야 크게 배운다

6월 24일 압록강을 건넌 연암 일행은 그날뿐 아니라 25일, 26일, 사흘 동안 노숙을 했습니다. 집이 아니라 들판에서 장막을 치고 잔 것이지요. 사람이 사는 마을이나 도시를 만나지 못했기 때문입니다.

6월 27일 마침내 연암 일행은 청나라의 국경을 표시하는 울타리인 책(柵)까지 갔습니다. 그러니까 압록강과 이 책 사이는 조선의 땅도 청나라 땅도 아닌 중간 지대라 할 수 있습니다. 연암 일행이 도착한 책 저쪽에는 청나라의 시골 마을이 있었습니다. 그런데 이 시골 마을이 연암을 깜짝 놀라게 합니다.

책 밖에서 책 안의 집들을 바라보았다. 일반 사람들이 사는 집들로 보였는데 대개 지붕이 높아서 번듯하고 크기도 컸다. 담장은 모두 벽돌로 쌓았고 길거리는 쭉 뻗어 있었다. 거리에는 사람이 타는 수레와 짐을 실은 수레가 왔다 갔다 하고 있었다. 집이나 거리나 오가는 수레와 사람들까지 과연 여기가 작은 시골인가 싶었다.

내 친구 홍대용에게 중국 문물이 대단히 융성하다는 것을 들은 바가 있었다. 이제 내 눈으로 보니 정말 대단하다. 여기는 국경 지역인 동쪽 끝인데도 이 정도라니! 앞으로 보게 될 청나라의 문물을 생각하니 기가 팍 꺾여 그만 발길을 돌려 되돌아가 버리고 싶었다. 열등감에 몸이 후끈 달아올랐다.

나는 크게 반성을 하며 혼잣말로 "이것은 질투심이구나." 했다.

처음으로 중국(청나라)의 문물을 접하게 된 연암의 감정이 잘 나타나 있습니다. 국경에 있는 시골 마을인데도 집이나 거리가 번듯하고 활기가 찬 모습이었던 것입니다. 변두리 마을이 이 정도이니 청나라의 중심으로 들어가면 어느 정도일까 생각하니 기가 꺾이게 된 것이지요.

열등감과 질투심을 느끼던 연암은 곧 크게 반성을 합니다.

'내가 왜 이 고생을 하면서 청나라에 오는가?'

'무슨 생각으로 청나라에 올 결심을 했던가?'

'그것은 청나라의 앞선 문물을 내 눈으로 보고 배우고자 함이 아니었던가!'

그렇습니다. 연암이 특별한 임무를 띤 사신도 아니면서 고생스럽고 위험한 청나라 여행에 나선 것은 남다른 이유가 있었던 것입니다. 자신의 눈으로 청나라의 문물을 보고 배우고 싶었던 것이지요.

속 좁은 열등감과 질투심을 반성한 연암은 더욱 마음을 단단하게 먹고 여행을 계속합니다.

그리고 정말 중요한 것들을 하나하나 발견하게 됩니다.

나는 같이 가고 있는 정 진사에게 물었다.

"이 나라의 성 쌓는 방식이 어떻게 보이는가?"

정 진사가 대답했다.

"여기서 벽돌로 쌓는 것이 조선에서 돌로 쌓는 것만 못해요."

내가 말했다.

"자네가 모르고 하는 말일세. 우리 조선의 성 쌓는 방식은 돌을 쓰는데 이것은 옳은 일이 아니네. 벽돌은 한 가마에서 구워 내니 만 개라도 모양이 똑같네. 성 쌓을 곳에서 구워 내니 따로 운반할 필요도 없네. 반듯한 벽돌로 쌓아 올리니 쌓기가 얼마나 쉬울 것인가.

거기에 비해서 돌로 성 쌓기는 참으로 힘들고 어렵네. 산에서 돌을 캐어 내고 다듬어야 하지 않는가. 거기에다 성 쌓을 곳까지 운반도 해야 하지. 모양이 똑같지 않으니 쌓기도 쉬운 일이 아니

〈벽돌 공장 가마〉

〈기와 만드는 사람들〉

네. 이렇게 성을 쌓으려면 얼마나 어렵고 힘이 들 것인가.”

　위의 대화는 연암이 같이 여행을 하는 정 진사라는 선비와 나누는 말입니다. 청나라의 성들이 벽돌을 사용하여 성곽을 쌓은 것을 연암은 유심히 관찰합니다. 그리고 그 방식을 조선의 성 쌓기와 자세하게 비교해 봅니다. 연암의 판단에 의하면 벽돌을 구워 성을 쌓는 것이 여러모로 장점이 있습니다.

　그런데 조선에서는 아직도 옛날 방식을 고집하고 있는 것입니다. 청나라의 방식이 분명 뛰어난데도 불구하고 배우려 하지 않았던 것이지요.

하지만 연암은 달랐습니다. 청나라의 앞선 문물을 열린 정신으로 배우고자 했습니다.

그런 연암의 눈을 사로잡은 아주 특별한 것이 있었습니다.

무엇이었을까요?

나는 원래 별 볼 일 없는 선비에 불과하다. 하지만 내가 이 청나라에서 본 대단한 광경을 한번 말해 보겠다. 그것은 깨진 기와 조각이요, 냄새나는 똥거름이다. 왜인가?

깨진 기와 조각은 버리는 물건이다. 그러나 집의 담장을 쌓은 뒤 이 기와 조각으로 담장 위를 장식하는 데에 사용하면 정말 필요한 물건이 될 수 있다. 깨진 기왓장은 물결무늬를 이루기도 하고 동그라미 모양을 만들기도 하는 등 별별 무늬를 다 만들 수 있다. 하찮게 생각해서 버리는 이 기왓장이 정말 멋있는 담장을 만들어 내는 것이다.

그뿐인가. 동네 집들의 문 앞에는 이런 기왓장과 냇가에서 주워 온 조약돌을 깔아서 꽃무늬, 나무 무늬, 새 무늬, 짐승 무늬를 만들어 놓았다. 모양도 좋고 비가 와도 땅이 질척거릴 염려가 없다. 이렇게 깨진 기왓장과 조약돌까지 잘 활용하는 것이 얼마나 대단한 일인가.

똥오줌이란 세상 사람들이 가장 더럽게 생각하는 물건이다. 그러나 이것이 거름으로 쓰일 때는 금싸라기같이 아까운 물건이 될 수 있다. 여기 와서 보니 길에는 버린 재가 없고 말똥을 줍는 사람은 말 꼬리를 따라다닐 정도로 거름을 소중하게 여긴다. 이렇게 모은 말똥을 거름간에다 쌓는데, 그 모양도 대단하다. 혹은 네모반듯하게, 혹은 팔각형이나 육각형으로, 혹은 집 모양으로 쌓아 올린다. 이렇게 똥거름을 소중하게 다루는 것을 보니 여기 문물이 대단하다는 것을 알 수 있겠다.

엉뚱하지요. 외국 여행을 갔다면 멋진 풍경이나 호화로운 건물 같은 것에 눈이 가기 마련인데 연암은 깨진 기왓장과 똥거름을 유심히 보고 감탄하니 말입니다.

왜일까요?

여기서 연암은 청나라 문물의 정신을 보고 있는 것입니다. 이렇게 사소한 것도 소중하게 생각하는 정신이 엄청난 성곽과 도시를 만드는 기본이 된다고 본 것이지요.

아마 사신단 중에서 이렇게 세심하게 관찰하면서 열린 마음으로 배우고자 한 사람은 연암이 유일했을 것입니다. 마음이 열리고 그 열린 마음으로 눈을 떠야 풍경이 보이는 법이니 말입니다. 그 당시 이렇게 열린 마음을 가진 조선 사람은 극히 드물었습니다.

병자호란(1636년) 이후 조선에서는 수많은 사신단이 청나라로 떠났습니다. 조선은 청나라의 무력에 굴복했고, 사신단 파견은 청나라의 요구에 따른 것이었지요. 연암이 가던 해인 1780년까지 150년 가까이 되는 기간 동안, 그렇게 수많은 사신단이 청나라를 다녀왔습니다.

앞에서 말했듯이, 이 당시 청나라는 강대한 세계 제국이었습니다. 동양의 중심이었을 뿐만 아니라 서양의 문물까지 들어와서 다양한 문명과 문화가 활발하게 어우러지고 있었지요. 이런 문물을 조선이 적극적으로 배우고 받아들였다면 나라가 발전하고 백성들의 살림살이도 좋아졌을 것입니다.

그러나 그 당시 대다수의 양반 사대부, 즉 유학자들은 청나라의 문물을 배우려 하지 않았습니다. 만주족이 세운 청나라를 오랑캐 나라라 여기고 오랑캐한테서 배우는 것은 수치라 생각했기 때문입니다. 어이가 없는 일이었지요.

그런데 연암을 중심으로 한 홍대용, 박제가, 이덕무 같은 북학파는 생각이 달랐습니다. 북학파는 조선에서 북쪽에 있는 청나라의 문물을 배우자는 주장을 하는 사람들을 말합니다. 조선의 양반 사대부들이 망해 버린 명나라를 따르고 공허한 이론만 떠들어 대는 것을 북학파는 비판했습니다.

〈고소번화도〉 소주 편

가로로 12미터에 이르는 아주 긴 그림이다. 이 책에 실린 〈고소번화도〉는 아주 일부분에 지나지 않는
다. 이 그림은 청나라 시절 소주라는 도시를 그린 것이다. 소주는 지금도 큰 도시이며, 관광지로도 유
명한 곳이다. 특히 청나라 시절 강희제와 건륭제 때 최고의 번영을 누렸다. 경제뿐만 아니라 문화, 예
술의 도시로서도 이름을 날렸다. 이 그림은 1751년 건륭제가 소주를 행차했을 때 이 도시의 아름다움
에 반해 황실 화가 서양에게 소주의 풍경을 상세하게 그리게 한 것이다. 모두 4800명의 사람이 나오
고, 300척이 넘는 배, 2600여 채의 건물, 40여 개의 다리가 그려져 있다. 이렇게 발달한 중국의 도시
를 보며 조선 사람들은 어떤 생각을 했을까?

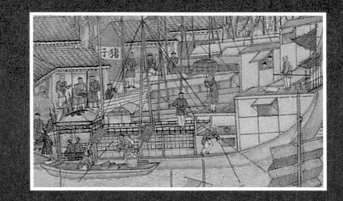

엄성이 그린 〈홍대용 초상〉(왼쪽)과 나빙이 그린 〈박제가 초상〉(오른쪽)

연암을 중심으로 홍대용, 박제가, 이덕무 같은 '북학파' 실학자들은 청나라의 우수한 학술과 문화를 배워 조선을 살기 좋은 나라로 만들어야 한다는 '이용후생'을 주장했다. 홍대용은 연경 방문을 통해 근대 서양 과학 사상을 탄탄히 다졌고, 이때 연경에서 깊이 사귄 엄성, 반정균, 육비 등과 귀국 후에도 계속 편지를 주고받으며 우정을 이어 나갔다. 〈홍대용 초상〉은 그와 특히 뜻이 맞았던 엄성이 그려 자신의 책 《철교유집》에 실은 것이다. 홍대용과 연암의 뒤를 이어 박제가가 《북학의》를 써서 북학파의 주장을 절정으로 끌어올렸다. 이러한 박제가의 생각은 조선 22대 임금 정조에게도 영향을 끼쳐 화성 건설의 토대가 되었다.

이들은 청나라의 문물이 우수하다면 당연히 그것을 배워 조선을 더 좋은 나라로 만들어야 한다고 생각했습니다. 앞선 문물을 이용하여 백성들의 살림살이를 윤택하게 하자는 이들의 주장을 이용후생(利用厚生)이라고 합니다.

깨진 기왓장과 똥거름. 하찮은 것이지요.
그러나 열린 정신으로 본 연암은 이런 것을 중요하게 다루는 의미를 알 수 있었습니다. 하찮은 것을 소중하게 생각하는 정신이 대단한 청나라 문명의 바탕을 이루고 있다는 것을 말입니다.
열린 정신으로 눈을 크게 뜬 연암은 작은 것들에서 크게 배울 수 있었던 것입니다.

5. 공간과 언어의 벽을 뛰어넘은 우정

　우리는 '세계화', '글로벌' 같은 단어를 많이 듣고 말하기도 합니다. 많은 우리나라 사람들이 세계 여러 나라로 나가고, 또 많은 외국인들이 우리나라로 들어옵니다.

　외국으로 나간 우리나라 사람들이나 우리나라로 들어온 외국 사람들은 여러 갈래가 있습니다. 단순히 여행도 있고, 직업을 얻어 일정 기간 거주하기도 하고, 아예 영주권이나 시민권을 얻어 살기도 합니다.

　이렇게 많은 사람들이 국경을 넘나들다 보니 자연스럽게 외국 사람들과 많이 접촉하게 되겠지요. 그래서 가깝게 사귀는 친구 사이가 되기도 하고, 서로 사랑하는 사이가 되기도 합니다. 국제 결혼도 흔하게 볼 수 있게 되었고 말입니다.

　연암이 살았던 18세기에는 어땠을까요?

　대다수의 조선 사람들은 농촌에서 살았고, 일생 동안 단 한 번도 한양(서울)을 구경할 수 없었을 것입니다. 더구나 청나라 여

해강이 그린 〈엄성의 초상화〉
청나라 지식인을 벗으로 사귀고 싶었던 홍대
용은 사신단을 따라나선 연경 연행에서 청나
라 문장가 엄성을 만났다. 그들은 필담을 나
누며 오랜 친구처럼 가까워졌다. 청나라 지
식인과 교류하는 것조차 금기시되던 때였다.

행은 상상도 하지 못했겠지요. 당시 청나라를 갈 수 있는 사람은
사신단으로 가는 양반 사대부, 그리고 사신단을 따라가는 소수
의 사람들 정도였습니다.

　연암도 44살 때 처음 청나라에 갔고, 이것이 일생 중 단 한 번의
청나라 여행이었습니다. 비유하자면 지금 세계 일주 여행보다 더
어려운 것이 당시의 청나라 여행이었다고 할 수 있습니다. 앞에서
보았듯이 정말 힘들고 위태롭기까지 한 여행길이니 말입니다.

　이런 형편이니 18세기 조선의 사람이 외국인을 만나고 우정을
나누는 경우란 아주 드물었지요. 이 드문 경우 중에 지금까지 국
경을 넘은 멋진 우정으로 남아 있는 것이 있습니다.

연암과 함께 북학파로 불리는 담헌 홍대용이 나눴던 우정입니다.

홍대용은 연암보다 여섯 살이 위인데 1865년 청나라에 갔습니다. 역시 사신단을 따라서 갔지요. 이때 북경에서 세 달 동안 머물면서 엄성, 반정균, 육비 같은 청나라의 선비들을 만나 우정을 나눕니다. 이들은 홍대용이 조선에 돌아온 뒤에도 그 먼 거리를 오가는 편지를 주고받으면서 서로에게 지극한 정성을 쏟습니다.

물론 연암은 홍대용과 청나라 선비들의 이런 아름다운 우정을 잘 알고 있었지요.

비단 홍대용의 우정을 봐서만이 아니라, 연암은 젊은 시절부터 우정에 대해 관심이 깊었습니다. 사람과 사람이 진심을 갖고 만나는 우정이란 세상살이에 너무나 소중하다는 것을 알고 있었으니까요.

연암이 스무 살 무렵에 쓴 한문 단편 소설 《마장전》은 우정을 주제로 삼은 소설입니다. 참된 우정을 찾기 어려운 현실을 비판하는 내용이라 할 수 있습니다. 아래 인용은 그 소설의 한 부분입니다.

양반들이 사람을 사귀는 세 가지 원칙과 다섯 가지 방법이 있다.
세 가지 원칙은 세력이 있는 사람을 사귀는 것, 명예가 있는 사람을 사귀는 것, 이익이 되는 사람을 사귀는 것이다.

또 양반들이 사람을 사귀는 다섯 가지 방법이 있다.

첫째, 나중에 상대방을 칭찬하려면 먼저 잘못을 비판한다. 둘째, 나중에 기쁨을 보여 주려면 먼저 노여움을 내비친다. 셋째, 나중에 친절하게 지내려면 먼저 마음이 곧은 사람처럼 보이게 한다. 넷째, 남들로 하여금 믿게 하려면 먼저 조심하는 것을 보여 줘야 한다. 다섯째, 나를 감동시키기 위해서는 일부러 눈물을 흘릴 줄 알아야 한다. 이 모든 것은 거짓된 우정의 방식이다.

연암은 이 소설을 통해서 당시 양반들의 거짓 우정을 비판했습니다. 진심이 없이 자신의 이익을 좇는 사귐은 우정이라 할 수도 없다고 생각했습니다. 이런 거짓 우정을 비판한 이유는, 참된 우정이 어렵고 소중하다는 것을 말하기 위해서였지요.

참된 우정이란 서로의 생각과 뜻을 나누고 마음과 정신으로 통하는 관계라 하겠지요. 연암 주위에는 홍대용, 박제가, 이덕무 등 뜻과 마음을 나누는 북학파 친구들이 있었습니다.

이제 청나라로 떠난 연암은 그곳에서도 참된 친구를 만나고 우정을 나누고 싶었습니다. 마음과 뜻을 함께할 수만 있다면 그 대상이 조선 사람이건 청나라 사람이건 아무 상관이 없다고 연암은 생각했지요.

청나라 황제가 있는 만리장성 북쪽 열하까지 간 연암은 마침
내 청나라 선비들을 만나게 됩니다.

사신을 따라서 북으로 만리장성을 나와 열하까지 이르렀다. 변
방 지역이어서 대화를 나눌 상대를 만나기 힘들었다. 태학관에
들어가 짐을 푼 이후에야 먼저들 묵고 있던 중국의 이름 있는 선
비며 관리들을 만날 수 있었다. 모두 황제의 탄신 축하 때문에 온
사람들로서 이들과 밤낮을 가리지 않고 사귀게 되었다. 이렇게
사귀다가 엿새 만에 헤어지게 되었다. 옛날 말에 "오래 알고 지
낸 사람도 마음이 맞지 않으면 사이가 멀고, 우연히 만나 짧게 사
귄 사람이라도 마음이 통하면 진짜 벗이다."고 했다.

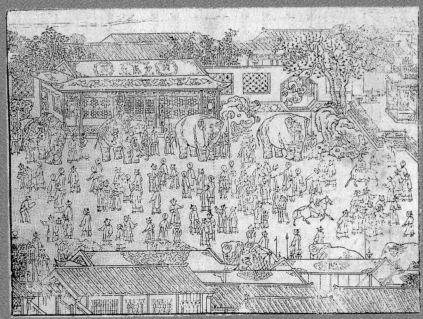

〈건륭제 만수절 거리 행사〉
청나라 황제 건륭제의 80세 생일을 기념하여 벌인 축제를 그린 것이다. 번화한 시가지에 수많은 사람들이 거리로 쏟아져 나와 축제를 즐기고 있다. 조선에서는 볼 수 없는 코끼리도 여러 마리 보인다.

이렇게 열하의 태학관에서 연암은 청나라의 선비와 관리들을 만나게 됩니다. 비록 엿새라는 짧은 시간이었지만, 마음이 통해서 오래 사귄 벗과 같은 우정을 나누게 된 것이지요.

그들의 이름은 왕민호, 학성, 윤가전 등이었습니다. 이들 선비들과 연암이 나누는 우정은 짧은 시간 속에서 뜨겁고 아름다운 모습을 보여 줍니다.

아침 무렵에 윤가전과 왕민호를 따라서 수업재라는 곳에 가서 악기 구경을 하였다. 돌아오는 길에 윤가전이 묵고 있는 처소에 들렀다. 윤 공은 미리 준비했던지 통째로 찐 양 한 마리를 내놓았다. 오로지 나를 위해서 차린 것이다.

옛날 음악과 오늘날 음악을 비교하는 음악에 관한 이야기를 열띠게 나누었다. 음식을 차려 놓은 지가 한참이나 지났지만 아무도 서로 권하지를 못했다. 이야기에 그렇게 정신이 팔린 것이다. 퍼뜩 정신을 차린 윤가전이 심부름하는 사람에게 아직 양이 쪄지지 않았느냐고 물었다. 심부름하는 사람이 어이가 없어서 대답했다.

"아까 차려 놓았지 않습니까."

"어, 그랬던가."

우리는 서로 웃고 말았다.

《여지도》에 나오는 외국인들

《여지도》는 조선 지도는 물론 세계 지도까지 실린 종합 지도책이다. 이 지도에는 다양한 외국인이 그려져 있다. 연암 박지원이 청나라에 가서 본 외국인도 이런 모습이었을 것이다.

《여지도》
〈갑군〉(오른쪽)과 〈섬라인〉(왼쪽)
〈갑군〉은 청나라 군인을 그린 것으로 짐작된다. 〈섬라인〉은 지금의 타이 사람을 말한다. 금빛이 나는 실로 짠 화려한 옷을 입고 높고 뾰족하고 구슬 장식이 달린 관모를 쓰고 있다.

《여지도》
〈몽고승〉(오른쪽)과 〈몽고인〉(왼쪽)
〈몽고승〉은 몽고인 승려를 그린 그림이다. 홍대용은 연경에서 본 몽고인을 "억세고 사납고 우둔하여 금수와 같지만 강인하게 배고픔과 추위를 견뎌 내는 점은 두려워할 일이지 비웃을 일은 아니다."라고 했다.

《여지도》
〈달자〉(오른쪽)와 〈서양인〉(왼쪽)
〈달자〉는 러시아 인을 그린 그림이다. 광대뼈가 무척 도드라져 있고 자세가 구부정하다. 코끝을 유난히 뾰죽하게 강조해서 그린 〈서양인〉은 연경의 천주당에 머물던 유럽 선교사를 그린 것으로 짐작된다.

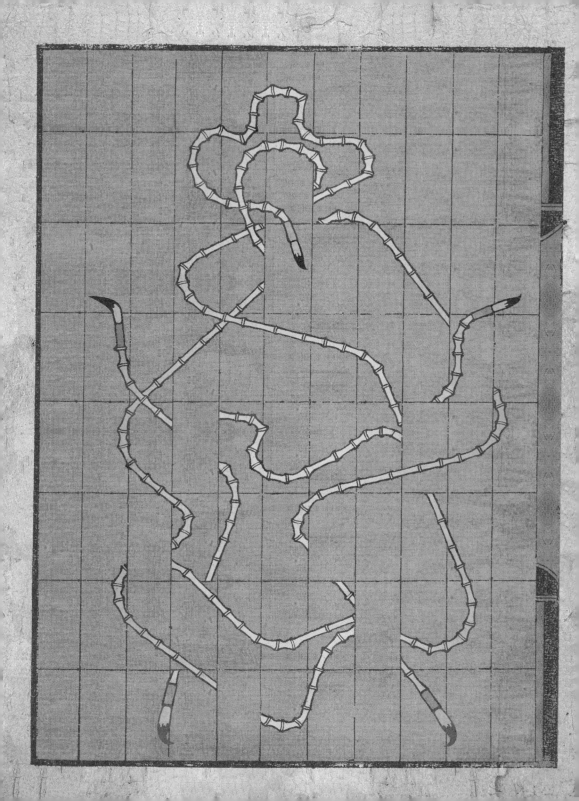

좀 어이가 없지만 아름다운 장면이지요. 윤가전이란 중국의 선비는 머나먼 조선에서 온 연암을 위해 없는 돈을 들여 양 한 마리를 사서 찝니다. 그런데 이 양을 앞에 두고도 세 선비는 이야기에 정신이 팔려 먹지를 않습니다. 그만큼 서로의 생각과 마음이 통했다는 것이지요. 맛있는 고기를 앞에 둔 것을 잊을 정도로 열띤 이야기를 나누는 모습이 참 아름답지 않나요?

그런데 이 당시 조선 선비 연암과 중국의 선비들은 어떻게 대화를 나눴을까요?

중국의 선비들은 우리말을 하지 못했습니다. 연암은 몇 마디 만주어와 중국어를 알았지만 자유스럽게 대화를 나눌 수 있을 정도는 아니었습니다.

그래서 이들이 대화를 나누는 방식은 필담(筆談)이었습니다. 글로 써서 보여 주고 그 글을 본 상대가 자기도 글을 써서 보여 주는 방식이지요.

아무래도 말로 대화를 나누는 것보다 불편하고 힘이 들었을 것입니다. 오래 글씨를 쓰다 보면 힘이 들고 팔도 아프고 말입니다. 그런데 이 필담을 연암과 중국의 선비들은 무려 열여섯 시간이나 하는 기록을 세웁니다.

이 필담의 기록은 《열하일기》에 〈곡정필담〉이라는 제목으로 실려 있습니다. 굉장히 긴 글인데요, 이 글이 나오게 된 사연을 연암은 이렇게 쓰고 있습니다.

어제 우리는 윤가전의 처소에서 이야기를 하다가 해가 저무는지
도 몰랐다. 윤 공은 가끔 졸면서 머리로 병풍을 들이받았다. 내
가 말했다.

"윤 대감이 피로하신 모양이니 물러가겠소."

그러자 곡정 왕민호가 말했다.

"자는 사람은 자라고 하고 이야기하는 사람은 계속 이야기합시
다. 괜찮습니다."

윤가전이 잠결에 그 말을 듣고 왕민호에게 무어라 말했다. 왕민
호가 고개를 끄덕이고 우리가 대화를 나눴던 종이를 챙겼다. 우
리는 방을 나왔다. 윤가전은 나이가 많은데 잠을 못 자고 이야기
를 나눠서 졸음을 참지 못하는 것도 무리가 아니다. 왕민호가 내
일 아침에 아침밥을 차려 놓을 터이니 나와 같이 먹자고 했다.

나는 이렇게 대답했다.

"매번 이야기를 할 때면 해가 짧아서 유감이니 내일은 꼭 일찍
오겠소."

왕민호는 고개를 크게 끄덕이며 좋다고 했다.

다음 날 아침 일찍 일어나서 왕민호에게 갔다. 우리는 촛불을 밝
히고 이야기를 시작했다. 학성도 와서 같이 이야기를 했다. 배가

고프면 밥을 먹으면서 무려 긴 두루마리 종이를 서른 장이나 쓰면서 필담을 했다. 오전 5시경부터 시작하여 오후까지 무려 열여섯 시간이나 이야기를 했다. 학성은 늦게 와서 먼저 돌아갔으므로 이 이야기를 정리하여 왕민호의 호를 따서 '곡정필담'이라 한다.

붓으로 글씨를 써서 대화를 나누는 필담을 무려 열여섯 시간이나 한 것입니다. 그만큼 연암과 곡정은 서로 하고 싶은 말이 많았던 것이지요. 이렇게 뜨거운 열정으로 이들은 철학, 과학, 문화 등에 대해 토론을 벌입니다. 비록 나라는 다르고 살아온 환경은 다르지만 이들은 진심을 다해 서로의 뜻과 생각을 나눕니다.
    연암은 먼 청나라에 가서도 이렇게 국경을 초월하는 우정을 나눌 수 있었던 것입니다.

6. 청나라에 가서 조선의 현실을 보다

　자신의 좁은 생각 속에 갇혀서 넓은 세상을 보지 못하고, 또 제 잘못이나 문제점을 깨닫지도 못하는 사람을 가리키는 속담이 있습니다.

　"우물 안 개구리"

　조선 후기 대다수 양반 사대부들의 정신 상태를 이 속담으로 비유할 수 있을 것입니다.

　앞에서 말했듯이, 망해 버린 명나라를 떠받들고 현실의 청나라는 오랑캐 나라라고 무시하면서, 앞선 문물을 배우려 하지 않았지요. 조선은 명나라의 문화를 간직하고 따르는 '작은 중국'이라면서 우쭐대기도 하고요.

　이렇게 당시 대다수 조선의 양반 사대부들이 우물 안 개구리로 자만심과 허영심에 빠져 있었지만 연암은 달랐습니다. 소수였지만 연암과 뜻을 같이하는, 북학파라 부르는 선비들도 다른 생각을 하고 있었고요.

이 선비들은 정직한 눈으로 조선의 현실을 보고자 했습니다. 그래서 문제점이 있다면 비판하면서 고치고자 했습니다.

그런데 자기 자신의 문제점을 제대로 보려면 어떻게 해야 할까요?

자기 얼굴에 묻은 얼룩을 제대로 보려면 어떻게 해야 할까요?

거울에 비춰 보든지 카메라로 찍어서 보든지 해야 볼 수 있을 것입니다. 다른 사람이 보고 말을 해 줘도 알 수 있습니다.

거울, 카메라, 다른 사람의 눈, 이 모든 것은 자기와 거리를 두고 떨어져서 자기를 본다는 공통점이 있지요.

그러니까 조선의 문제점을 제대로 보는 가장 좋은 방법은 조선과 떨어져서 조선을 보는 것이라 할 수 있습니다. 당시로서는 유일한 외국이라 할 수 있는 청나라로 가서 조선을 바라보는 방법 말이지요.

그것이 연암이 온갖 어려움을 무릅쓰고 청나라로 가고자 했던 중요한 이유 중 하나였고요.

조선을 벗어나서 조선의 현실을 정직한 눈으로 보고자 한 연암의 눈은 남들이 무심코 지나치는 것도 놓치지 않았습니다.

대체 우리나라 구들 놓는 방법에는 여섯 가지 문제가 있지만 말하는 사람이 없네. 잘 들어 보게.

구들은 흙을 이겨서 쌓아 골을 내고 돌을 걸쳐 얹어 온돌을 만드는데, 돌이란 크고 작고 두텁고 엷어서 본디가 고르지 못한 것이라 반드시 조약돌을 겹쳐서 네 모서리를 괴어 어그러지지 않게 하네. 조약돌들 사이는 흙으로 메우게 되지. 그런데 이렇게 하면 흙이 말라붙고 떨어져 나가면서 돌들이 빠져나오니 이것이 첫째 문제점이네.

구들장 거죽이 움푹움푹 들어간 데 역시 흙으로 두껍게 메우네. 그러니 불을 때도 따뜻한 데도 있고 그렇지 않은 데가 있으니 이것이 둘째 문제점이네.

구들의 불길이 들어가는 공간이 뻥 뚫려서 불길이 방바닥 밑에 잘 닿지 않네. 이것이 셋째 문제점이네.

불을 때다 보면 바람 때문에 불길이 거꾸로 나오기도 하고 연기가 방 안에 가득 차기도 하네. 이것이 넷째 문제점이네.

아궁이에서 들어가는 불길은 구들로 골고루 들어가지 못해 아랫목만 따뜻하게 되네. 이것이 다섯째 문제점이네.

구들을 처음 놓고 말리려면 나무가 많이 들고 열흘 안에는 사용하지도 못하네. 이것이 여섯째 문제점이네.

《열하일기》의 한 대목에서 연암은 조선의 구들에 대해 조목조목 그 문제점을 지적합니다. 청나라의 안방 구들 '캉'을 본 뒤에 우리 구들의 문제점에 대해 생각하고 있는 것이지요.

구들은 우리가 온돌방이라고 부르는 방의 난방 장치입니다. 아궁이에 불을 때서 그 화력으로 방바닥 밑의 돌을 달구는 것이지요.

이 난방 방식은 우리 한반도에서 청동기 시대부터 있었다고 합니다. 연암 당시의 조선 시대는 물론이고, 보일러가 들어오기 전까지 우리나라의 난방 방식이었지요.

우리는 대개 구들은 우리의 전통적인 난방 장치이고 우수하다고 알고 있습니다. 연암 당시는 물론이었겠지요. 그렇게 우수하게 생각했으니 계속 그런 방식을 지켜 왔던 것이고요.

그런데 연암의 생각은 달랐습니다.

연암의 눈은 우리의 잘못된 점과 문제를 덮지 않습니다. 적당히 변명하지도 않습니다. 남의 장점을 제대로 보고 자신도 정직하게 보는 것이지요. 압록강 건너 청나라에 가서 그 나라의 문물을 보니, 강 건너 떨어져 있는 조선의 현실이 더욱 잘 보였을 것입니다.

물론 이 바탕에는 조선에 대한 사랑, 백성들의 살림살이에 대한 깊은 관심이 자리 잡고 있다고 할 것입니다. 그런 사랑과 관심의 눈으로 본 조선의 현실은 정말 안타까운 것이었습니다.

우리 조선에는 아직도 수레란 것이 없지만, 있다는 것도 바퀴가 똑바르지 못하다. 바퀴 사이의 간격이 들쭉날쭉하여 수레 다니는 길이 제대로 닦여질 수가 없다. 이런 형편이니 수레가 제대로 다니지 못하고 없는 거나 마찬가지다.

어떤 사람들은 이렇게 말한다. 우리 조선은 산이 많아 길을 닦기 어려워서 수레를 쓰기 적당하지 않다고 말이다. 말도 안 되는 소리다. 나라에서 수레를 사용하지 않으니까 길을 만들지 않는 것이다. 수레만 쓰게 된다면 길은 저절로 닦아질 것이다.

(중간 생략)

이렇게 수레를 사용하지 않으니까 우리 조선은 지방 사이에 물건들이 운반되지 못한다. 바닷가 해산물은 내륙으로 오지 못하고 마찬가지로 내륙의 물건들도 바닷가 사람들에게 가지 못한다.

(중간 생략)

그러니 이 지방에는 흔한 것이 저 지방에는 귀하고, 다른 지방 물건은 이름만 들었지 보지도 못한다. 이는 곧 수레 같은 운반 수단이 없는 까닭이다. 우리 백성들의 살림살이가 이토록 가난한 것도 이것이 큰 원인이 아니겠는가.

안타까워 다시 한 번 물어본다. 수레는 왜 못 다니는가? 이것도 한마디로 대답한다면 모두가 선비와 벼슬아치들의 죄다. 이 양반들이 평생에 공허한 이론에만 사로잡혀서 책 속에 있는 수레는 알아도 정말 수레를 만드는 일은 아예 신경을 쓰지 않는다.
어허! 참으로 한심하고 기가 막히는 일이다.

 연암이 청나라에 가서 보고 놀란 것 중 하나는 수레였습니다. 작은 시골 마을에도 길이 잘 닦여서 수레가 다니고 있었던 것이지요. 이러니 큰 성이나 도시는 말할 것도 없었습니다.
 사람 타는 수레, 짐 싣는 수레, 대포를 실은 수레, 소방차와 같은 수레 등 온갖 종류의 수레들이 벽돌로 반듯하게 포장된 길을 거침없이 달리고 있었던 것입니다. 이 수레들을 부러운 눈으로 본 연암은 우리 조선의 현실을 생각합니다.
 당시 조선에서 수레는 거의 없는 것이나 마찬가지였지요. 정말 백성들의 살림살이에 필요하고 나라를 부강하게 만들 수 있는데도 사용하지 않고 있었습니다.
 《열하일기》에는 〈차제(車制)〉라는 제목이 붙은 글이 있습니다. '차제'란 '수레 만드는 법'이란 뜻이지요. 바로 위에 인용된 부분은, 이 글의 한 부분입니다. 수레도 없이 가난한 조선의 현실을 안타까워하는 연암의 마음이 잘 나타나 있는 글이라 하겠습니다.

〈수레〉

"외국에 가면 모두 애국자가 된다."는 말이 있습니다. 나라를 떠나니 자기 나라의 자연과 사람들, 문화가 더욱 소중하게 생각되는 것은 당연하겠지요. 그러나 나라를 사랑하는 것이 맹목적인 애국심으로 흐르면 안 된다고 생각합니다.

나라를 사랑할수록 자신의 잘못이나 문제점을 정직하게 보고 그것을 어떻게 고쳐 나가야 할까 생각하고 고민해야겠지요. 그것이 진정으로 나라를 사랑하는 방식이 아닐까요?

조선을 사랑하고 백성들의 살림살이를 걱정했기에 연암은 정직한 눈으로 조선의 현실을 볼 수 있었습니다. 그리고 먼 청나라에서 조선을 향해 안타까운 마음으로 소리치는 것입니다.

'낡은 생각과 가난에 빠져 있는 조선을 바꿔야 한다고.

이 모든 원인은 권력을 잡은 양반 사대부들에게 있다고.

양반들이 공허한 학문에 빠져서 현실을 제대로 보지 않는다고.

나라를 이끄는 왕 이하 양반 사대부들이 제발 정신을 차려야 한다고.'

7. 낡은 생각에 물들지 않은 마음과 눈

호기심은 '새롭거나 신기한 것에 끌리는 마음'을 뜻합니다.

호기심이 제일 많은 사람은 누구일까요?

바로 어린이일 것입니다.

어린이 눈에는 모든 것이 새롭고 신기해 보입니다. 그래서 자꾸 질문을 하는 것이지요.

"엄마, 저게 뭐야?"

"아빠, 저건 왜 그래?"

엄마, 아빠는 그 질문에 대답을 하느라 진땀을 빼기도 합니다.

그렇지만 이 호기심으로 가득 찬 어린이의 마음과 눈이야말로 참으로 소중합니다. 낡은 생각에 물들지 않아서 세상을 있는 그대로 보는 마음과 눈이니까요.

연암은 이런 어린이의 마음과 눈이 소중하다는 것을 잘 알고 있었습니다. 이 마음과 눈으로 봐야 세상의 참모습과 진실을 알 수 있기 때문입니다.

연암은 같은 북학파인 이덕무의 책 《영처고》의 머리말로 써 준 〈영처고서〉라는 글에서 이렇게 말하고 있습니다.

도동 길가에 청기와를 이은 사당이 있는데, 그 안에 수염이 붉은 상(像)이 하나 서 있으니 바로 관운장이다. 어른들은 만들어 놓은 이 관운장을 무서워한다. 그래서 학질에 걸리면 단상 밑에 얼굴을 들이대는데, 정신이 아찔하여 학질이 떨어져 나간다고 한다. 그러나 어린이는 겁내지 않고 관운장상을 가지고 장난을 한다. 그것은 어린이가 꼬챙이로 눈동자를 긁어도 깜박거리지 않으며, 코를 찔러 보아도 재채기하지 않는다. 결국 관운장이 아니라 진흙으로 만들어 놓은 상일 뿐이다.

관운장은 나관중이 지은 《삼국지연의》에 나오는 용맹한 장수입니다. 긴 수염을 휘날리며 엄청 무거운 청룡도를 휘둘러서 적군에게는 공포의 대상이었지요. 이런 이야기를 아는 어른들은 죽은 관운장도 아주 두려워하며 귀신도 쫓을 정도로 힘이 있다고 생각했습니다. 상을 만들어 놓고 모시는 것도 그래서였고요.
그렇지만 어린이는 두려워하지 않습니다. 낡은 생각에 물들지 않은 마음과 눈을 가지고 있으니까요. 어린이의 눈에 관운장상은 그냥 흙덩이일 뿐입니다.

이런 마음과 눈에서 호기심은 나옵니다. 틀에 박힌 생각에 갇혀 있지 않기 때문에 새로운 것에 생생한 흥미를 갖고 끌리는 것이지요.

연암은 이런 호기심을 가득 품고 있는 사람이었습니다. 어른이지만 어린이의 마음과 눈을 가지고 있었다 하겠지요. 그런 연암이 거대한 도시 연경에 갔으니 신이 났겠지요. 반짝반짝 눈을 빛내며 새로운 것을 찾아다녔습니다.

《열하일기》에는 연암의 호기심이 반짝거리는 글들이 실려 있습니다.

요술쟁이가 탁자 위를 깨끗하게 닦고는 책을 펼쳐 놓았다. 그 앞의 작은 향로에 향불을 피우고 흰 유리 접시에 복숭아 세 개를 담아 두었다. 복숭아는 모두 컸다. 탁자 앞에는 바둑판과 바둑돌 담은 그릇을 놓고 정갈한 자리를 깔아 놓았다.

잠깐 휘장으로 탁자를 가렸다가 걷으니 놀라운 광경이 펼쳐졌다. 텅 비었던 곳에 갑자기 사람들이 나타난 것이다. 구슬 관에 연잎 옷을 입은 자도 있고, 신선 복장을 한 자도 있고, 나뭇잎으로 옷을 해 입고 맨발로 있는 자도 있다. 이들은 바둑을 두기도 하고, 구경을 하기도 하는데 모두 수염이 길고 얼굴이 번듯하였다.

그때, 접시에 놓아둔 복숭아 세 개가 갑자기 가지가 돋고 잎이 붙는 것이 아닌가. 그뿐이 아니다. 가지 끝에 꽃이 피어나니 구슬 관을 쓴 자가 복숭아 한 개를 따 먹더니 씨를 땅에 뱉었다.

신기해라! 뱉은 씨에서 싹이 나 금방 자라더니 꽃이 피고 열매가 맺었다. 바둑 두던 자들은 머리가 하얗게 되더니 갑자기 사라졌다. 이 모든 것이 잠시 지켜보는 사이에 벌어진 일이다!

연암이 연경에서 요술 구경을 하고 쓴 글입니다. 호기심을 빛내며 연경의 거리를 걷던 연암은 거리에서 수많은 사람들이 몰려서 있는 것을 발견합니다. 그냥 지나칠 연암이 아니지요. 사람들 사이를 뚫고 들어가서 보니 요술쟁이가 요술을 벌이고 있었습니다.

무려 스무 가지의 요술이 펼쳐지는데 위에 인용한 것은 그중 한 가지 요술입니다. 연암은 이런 구경을 못 한 우리나라 사람들을 위해서 이것을 글로 남긴 것입니다. 이 글은 〈환희기〉라는 제목이 붙어 《열하일기》 속에 들어가 있습니다.

물론 신기한 것은 이런 요술만이 아니었습니다. 그 당시 연경은 거대한 제국의 수도인 국제도시였으니까요. 다양한 인종의 사람들이 몰려들었고, 온갖 신기한 것들도 넘쳐 났습니다.

그중에는 연암의 눈을 휘둥그렇게 만든 동물도 있었습니다. 생전 처음 보는 동물이었습니다.

《여환회경도책》〈회인헌기〉
청나라 궁정에서 열린 연회를 기록한 그림이다. 넓은 마당에 마련된 크고 작은 줄기 공연장 두 곳에
서 놀이꾼들이 줄을 타고 그 주변으로 구경꾼들이 모여들었다. 이로써 우리나라의 민속놀이인 줄타
기가 중국에 온 이슬람 인(회인)에게서 전해진 것임을 알 수 있다. 또 악기를 연주하는 무리와 장대를
타거나 접시를 돌리는 등 갖가지 기예를 펼치는 사람들의 모습도 볼 수 있다.

만일에 괴상스럽고 믿기 어렵고 우스꽝스럽고 엄청나게 생긴 것을 보려면 북경 남서쪽에 있는 코끼리 집에 가 보아야 할 것이다. 내가 북경서 코끼리 열여섯 마리를 보았는데, 모두 쇠사슬로 발을 비그러매어 움직이는 것을 볼 수 없었다.

그런데 이번에는 코끼리 두 마리를 열하 궁전 쪽에서 보았는데, 온 몸뚱이를 꿈틀거리며 움직여 가는 것이 비바람이 몰아치는 것 같다고 할까 굉장히 거창했다.

내가 언젠가 새벽에 동해 바다에 나갔을 적에 파도 위에 말처럼 불쑥불쑥 나타나는 것이 수도 없었다. 모두 덜썩 크기가 집채 같았는데 이것이 물고기인지 짐승인지 알 수 없었다. 해가 돋으면 보려고 했는데 해가 돋기도 전에 바닷속으로 사라져 버렸다. 이번에 코끼리를 열 발자국 밖에 떨어져서 보았는데 그때 동해서 보았던 것과 비슷해 보였다.

여러분에게 코끼리는 익숙한 동물이겠지요. 하지만 조선 시대에는 낯선 동물이었습니다. 15세기인 태종 때 일본에서 코끼리를 보낸 적이 있습니다.

그러나 그 코끼리는 11년 후 죽었고, 그 이후에 조선에 있었다는 기록은 없습니다. 코끼리는 열대 지방 동물이니 원래 조선에 있을 턱이 없었지요.

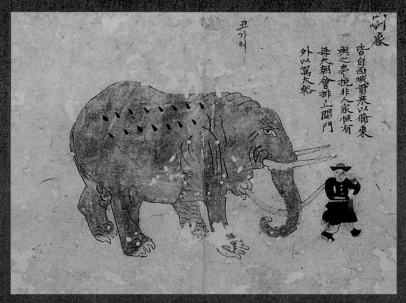

《여지도》〈순상〉

'코기리'라고 한글로 덧붙여 적었다. 코끼리는 서역에서 공물로 데려온 것으로, 해마다 정월 초하루에 만국 사신들이 모여 조회할 때 황제가 탄 수레를 끌었다. 연경에서 생전 처음 코끼리를 본 연암은 그 독특한 생김새를 글로 남겼다.

《여지도》〈탁타〉

'탁타'란 낙타과 짐승을 통틀어 가리키는 말이다. 그림 옆에 낙타의 생김새를 글로 자세히 묘사했다. 그중 "낙타 봉우리로 국을 끓이면 진미"라는 대목이 눈길을 끈다. 또한 털이 없는 발바닥과 날카로운 발톱을 과장되게 표현한 점이 독특하다.

〈북경도성삼가육시오단팔묘〉
당시 연경(북경)은 거대한 제국 청나라의 수도로서 명실상부한 국제도시였다. 다양한 국적의 사람들
과 신기한 물건들이 모두 연경에 몰려 있었다고 해도 지나치지 않을 정도로 번성하고 발달해 있었다.
이곳 연경에서 연암 박지원은 다시금 조선의 현실을 정직하게 바라볼 수 있었다.

당연히 연암은 생전 처음으로 엄청 큰 코끼리를 본 것입니다. 지금까지 연암이 본 소나 말보다 큰 동물이었고 생김새도 특이했겠지요.

그런데 아무리 처음 본 큰 동물이고 생김새가 낯설었다 해도 과장이 너무 세지 않나요?

코끼리 두 마리가 걸어가는 것을 비바람이 몰아치는 것 같다고 하질 않나……, 동해 바다의 파도 위에 집채처럼 나타나는 것과 비슷하다고 하질 않나…….

과장이라는 표현 수법을 썼다고 해도 좀 심한 것 같지요. 이것은 호기심과 아주 가까운 사이인 상상력 때문입니다. 연암의 상상력이 자신이 본 것을 이렇게 부풀리게 만든 것이지요.

이게 무슨 말인지 궁금하지요?

연암이 코끼리를 본 것은 연경에서의 일입니다. 그런데 이것을 쓴 것은 바로 그때가 아닙니다.

여러분이 외국 여행을 한 여행기를 책으로 쓴다고 생각해 보면 쉽게 알 수 있습니다. 여행을 다니는 중에 책처럼 긴 글을 쓰기는 어렵겠지요.

그럼 어떻게 할까요?

대개는 중요한 사항을 메모한 뒤, 돌아와서 책상 앞에 앉아 그 메모를 보며 쓰게 되겠지요.

더구나 조선 시대의 필기구는 지금처럼 편리하지 않았습니다. 글을 쓰려면 먹을 갈아 붓으로 써야 했고, 종이가 꼭 필요했으니 《열하일기》처럼 엄청 긴 여행기를 여행 중에 쓸 수는 없었습니다.

1780년 청나라를 여행한 연암은, 조선에 돌아온 뒤 몇 년에 걸쳐 《열하일기》를 쓴 것입니다.

위의 코끼리 구경한 이야기는 《열하일기》 속에 〈상기(象記)〉라는 제목으로 들어 있는데, 당연히 연경 현장에서 볼 때 쓴 것이 아니라 조선에 와서 쓴 것이겠지요.

연경과 조선의 몇 년 사이, 그 사이에 연암의 상상력이 이렇게 코끼리를 거창하게 만들지 않았을까요?

곰곰이 생각해 보면, 호기심과 상상력은 쌍둥이와 같다 할 수 있습니다.

어린이처럼 호기심이 많은 사람이 사물과 세상을 항상 새롭고 신기하게 보고, 그런 정신에서 상상력이 꽃피니까 말입니다.

바로 시인과 작가들이 쌍둥이인 호기심과 상상력을 가진 사람들이 아닐까요?

사실 연암은 시인이고 소설가이기도 했습니다.

이제 《열하일기》 속에 있는 흥미진진한 소설들로 여행을 떠나 볼까요!

8. 호랑이가 꾸짖다

《열하일기》에는 두 편의 소설이 들어 있습니다. 두 편 모두 한문으로 쓴 단편 소설이지요. 〈호질〉과 〈허생전〉입니다.

연암은 이 두 편 외에도 여러 편의 한문 단편 소설을 썼습니다. 이 소설들은 20살 전후의 젊은 시절에 썼는데,《방경각외전》이라는 책으로 묶어져 전해집니다. 이 책에는 〈양반전〉, 〈광문자전〉, 〈예덕선생전〉, 〈김신선전〉, 〈우상전〉, 〈마장전〉, 〈민노인전〉 이렇게 일곱 편이 있습니다. 〈봉산학자전〉, 〈역학대도전〉 두 편은 제목만 남아 있지요.

그럼《열하일기》속 두 소설 중, 먼저 〈호질〉에 대해 이야기해 볼까요?

본격적으로 들어가기 전에 한 가지 생각해 볼 것이 있습니다.

《열하일기》에서 〈호질〉이 소개되는 부분을 읽으면 고개를 갸우뚱하게 되니까요.《열하일기》에 나온 대로 믿는다면 〈호질〉은 연암이 쓴 것이 아닙니다.

그럼 누가 썼을까요?

답은 "모른다."입니다.

《열하일기》에서 〈호질〉이 등장하는 사연은 이렇습니다.

압록강을 건넌 연암 일행이 한 달이 넘게 걸려 옥전현이라는 곳에 도착했을 때입니다. 연암이 어떤 가게에 들어갔는데 거기 벽에 흰 종이에 쓴 글이 붙어 있었다는 것입니다. 누가 쓴 글이냐 물으니 가게 주인은 모른다면서 얼마 전 장날에 족자 같은 그 종이를 샀다고 합니다.

그 종이에 쓴 글을 베껴서 연암이 좀 손질을 해 한 편의 글을 만듭니다. 그것이 〈호질〉이 됐다는 것입니다.

《열하일기》에 나온 이 이야기를 그대로 믿는다면 〈호질〉의 작자는 연암이 아니지요. 누가 쓴 글을 좀 손질을 했다 뿐이니 말입니다.

그러나 이 말은 그대로 믿을 수 없습니다.

전통 시대에는 이런 식으로 실제 작자를 슬쩍 감춘 작품들이 꽤 있습니다. 자신이 쓰고도 자신을 감추는 것이지요.

왜일까요?

글로 해서 화(禍)를 입을까 두려웠기 때문입니다. 동서양을 막론하고 전통 시대는 표현의 자유가 억압되었고, 글의 내용에 따라서는 죽거나 감옥에 갇힐 수도 있었습니다.

〈민화 호랑이〉

표현의 자유를 위해 끊임없이 싸워서 근대 이후에는 많이 좋아졌지만, 지금도 우리가 완전히 표현의 자유를 누린다고 할 수는 없겠지요.

아무튼 이런 사정을 배경에 두고, 또 〈호질〉의 내용을 살펴보면, 왜 연암이 작자인 자신을 감추었는지 짐작할 수 있습니다. 두말할 것이 없이, 〈호질〉은 연암의 작품이지요.

〈호질〉의 줄거리는 다음과 같습니다.

호랑이는 착하고 싸움을 잘한다. 씩씩하고 날래며 그야말로 세상에 맞설 것이 없다.

하루는 배가 고픈 호랑이가 무엇을 잡아먹을까 궁리를 했다.

호랑이 주위에 붙어사는 귀신(호랑이가 사람을 잡아먹어서 된 귀신)이 호랑이에게 의원과 무당을 잡아먹으라고 하였다. 호랑이는 의원은 처방을 잘못해서, 무당은 속여서 죽인 사람이 많으니 싫다고 하였다. 원통하게 죽은 사람들의 원망이 쌓여서 그 고기가 독이 있다는 것이다.

그러자 호랑이를 따라다니는 다른 귀신(역시 호랑이가 잡아먹은 사람의 귀신)이 양반을 잡아먹으라고 하였다.

호랑이는 양반이 쓸데없는 공허한 이론만 늘어놓는 사람들이어서 그 고기는 너무 딱딱해서 체하거나 구역질을 할 것이라고 대답한다.

정나라 땅에 북곽 선생이란 선비가 살고 있었다. 이 사람은 학문이 높고 행실도 남의 모범이 되는 대단한 학자로 유명하였다.

그 고을 동쪽에는 동리자라는 아름다운 과부가 살고 있었다. 동리자는 남편이 죽고 나서 남자들을 가까이하지 않고 깨끗하게 사는 것으로 유명했다. 그런데 동리자에게는 다섯 아들이 있었는데 이 다섯 아들이 다 성이 달랐으니(아버지가 다 달랐다는 뜻), 참 괴이한 일이었다.

어느 날 밤 동리자의 방에서 북곽 선생의 소리가 나는 것을 다섯 아들이 들었다. 다섯 아들은 문틈으로 들여다보았다.

방 안에는 북곽 선생처럼 생긴 자가 자기들 엄마 동리자와 마주 앉아 은근한 말을 주고받고 있었다.

다섯 아들은 학문이 높고 남들에게 대단한 존경을 받는 북곽 선생 같은 선비가 밤중에 과부에게 올 리가 없다고 생각하였다. 그래서 여우가 둔갑을 한 것으로 판단하고 여우를 잡아서 가죽을 벗겨 팔기로 하였다.

다섯 아들이 어머니인 동리자의 방을 둘러싸고 북곽 선생을 잡으려 뛰어들었다. 북곽 선생은 깜짝 놀라서 도망쳤다. 여우가 둔갑한 것이 아니라 진짜 북곽 선생이 남몰래 과부를 만나러 간 것이다.

북곽 선생은 정신없이 도망치다가 들판의 똥구덩이에 빠졌다. 농부들이 밭에 거름을 하려고 구덩이를 파서 똥을 넣어 놓은 것이다.

간신히 올라와서 보니 앞에 호랑이가 길을 떡하니 가로막고 있었다.

북곽 선생은 호랑이에게 잡아먹히지 않으려고 온갖 아첨을 떤다.

호랑이는 북곽 선생의 아첨을 듣고 꾸짖었다.

호랑이는 사람과 짐승은 그 본바탕이 하나인데 짐승들을 욕한다고 꾸짖는다. 호랑이가 나쁘면 사람도 나쁘다는 것이다.

하늘이 본다면 사람과 짐승이 한가지 동물인데 사람들은 욕심으로 다른 동물들을 해친다는 것이다. 마구 온갖 짐승들을 잡아먹고 같은 사람들까지도 엄청나게 해치는 사람들의 행동이야말로 도둑과 같다는 것이다.

그리고 글하는 선비란 자들은 붓끝을 마치 날카로운 칼처럼 사용해서 사람들을 마구 해친다고 호랑이는 북곽 선생을 꾸짖는다.

북곽 선생은 엎드려서 꼼짝도 못하고 듣다가 두 번 절하고 잘못을 빈다.

그러고 한참 있는데 아무 소리가 없어서 보니 호랑이가 가 버린 것이었다.

마침 그때 아침 일찍 일을 하러 나온 농부가 북곽 선생이 하는 꼴을 보았다. 농부는 무슨 일로 아침 일찍이 벌판에서 절을 하느냐고 물었다.

북곽 선생은 하늘과 땅에 겸손하게 절을 한다고 거짓말을 하였다.

〈호질〉은 '호랑이(虎)가 꾸짖다(叱)'는 뜻입니다.

소설을 보면 호랑이가 북곽 선생을 꾸짖는 것이 그 내용이지요.

호랑이는 선비인 북곽 선생을 왜 꾸짖을까요? 무엇을 꾸짖을까요?

그것은 크게 두 가지로 나눠 생각해 볼 수 있습니다.

첫째, 선비와 양반 사대부들의 위선을 꾸짖는 것입니다.

북곽 선생은 유명한 선비요 학자입니다. 모든 사람들이 존경하는 덕이 높은 사람으로 알려져 있습니다. 과부인 동리자는 남자를 멀리하는 깨끗한 여자로 알려져 있습니다. 그런데 이 여자의 아들 다섯은 다 성이 다릅니다. 아버지가 다 다른 사람이라는 뜻이지요. 그러니까 깨끗한 과부라는 것은 거짓이겠지요.

이 두 사람은 겉으로는 예의와 도덕을 내세우면서도 속으로는 자기의 욕심을 채우는 양반 계층을 대표하고 있습니다. 그러니까 겉 다르고 속 다른, 허위와 위선의 양반들을 비판하는 소설로 볼 수 있습니다.

조선 시대는 신분제 사회였습니다. 신분제 사회란 태어나면서부터 신분이 정해지는 사회입니다. 개인은 경우에 따라서 신분이 바뀌기도 합니다. 양반이 역적으로 몰려 노비로 떨어지기도 하고, 부자인 평민이 돈으로 양반을 사기도 하니까요. 하지만 사람을 신분으로 나눠서 차별하는 신분제란 제도는 변함이 없었습니다.

이런 신분제에서 가장 위에 있는 계급이 선비와 양반 사대부입니다. 나라를 이끌어 가는 사람들이라 하겠지요. 그만큼 큰 책임이 있는 사람들이고 말입니다.

연암은 이들 양반과 사대부들이 허위와 위선에 빠져 있다고 본 것입니다. 위에서 말한 《방경각외전》의 소설 중 〈양반전〉에서도 연암은 양반을 날카롭게 비판하고 있습니다.

〈호질〉의 선비와 양반 비판은 연암이 그 당시의 사회를 어떻게 보고 있었는지 잘 말해 주고 있지요. 조선의 현실을 안타까워하는 연암의 마음도 잘 나타나 있고 말입니다.

둘째, 호랑이는 인간 중심주의를 꾸짖고 있습니다.

우리가 텔레비전의 뉴스 시간에 자주 보게 되는 장면들이 있습니다.

도로를 만든다, 골프장을 만든다, 스키장을 만든다 하면서 파헤친 산림의 모습이 그중 하나입니다. 나무는 뿌리째 뽑혀서 나

〈송하맹호도〉

뒹굴고, 산은 벌겋게 속살을 드러내고 있습니다.

또 강에 사는 고기가 죽어서 하얗게 배를 드러내고 떠올라 있는 장면도 자주 보이는 모습 중 하나입니다. 강에서 흘러드는 폐수 때문에 죽음밖에 없는 바닷속 모습도 볼 수 있습니다.

모두 인간들에 의해서 환경이 파괴되어 생긴 결과들이지요.

도대체 사람들은 이 아름다운 지구를 왜 이렇게 파괴하게 됐을까요?

왜 나무와 풀, 물고기와 산짐승은 생각하지 않고 마구 파헤치고 버릴까요?

이런 행동들의 바탕에 있는 생각은 무엇일까요?

바로 '사람만이 중요하다'는 생각이 아닐까요? '사람만'을 중요하게 생각하기 때문에 다른 자연 만물을 함부로 대하고 파괴하는 것이 아닐까요? 우리는 이런 인간 중심주의를 반성해야 하는 것 아닐까요?

인간뿐만 아니라 다른 생명체도 소중하게 생각해야 하지 않을까요? 그래야 이 아름다운 지구의 자연이 보존되고 함께 살 수 있지 않을까요? 인간 중심주의는 결국 인간도 해치지 않을까요?

우리는 〈호질〉에서 이런 생각을 찾아볼 수 있지요. 그것은 똥구덩이에 빠졌다 나온 북곽 선생을 꾸짖는 호랑이의 말에 잘 나타나 있습니다.

사람들은 자신들은 착하다 하고 다른 짐승들을 악하다 한다고 호랑이는 말합니다. 그런데 사람과 다른 짐승은 하늘이 본다면 다 똑같다는 것이 호랑이의 말입니다. 즉, 평등하다는 것이지요. 그런데 사람들이 공연히 구별을 하고 다른 짐승들을 못살게 한다는 것이지요.

더구나 사람은 다른 짐승들과 달리 엄청난 욕심을 가지고 있다고 호랑이는 꾸짖습니다. 그래서 다른 짐승들을 갖은 방법으로 잡아 죽이고 심지어 같은 사람들까지 욕심으로 죽인다고 호통을 칩니다.

〈호질〉의 호랑이의 꾸짖음 속에서 우리는 연암의 목소리를 들을 수 있습니다. 사람뿐 아니라 자연 만물은 평등하다는 사상이지요.

그것은, 자연 파괴가 심각한 현대에서 더욱 소중하게 살아나는, 시대를 훌쩍 앞선 목소리라 할 수 있습니다.

9. 진실의 정신이 흐르는 《열하일기》

　《열하일기》에 있는 또 다른 소설 〈허생전〉도 독특한 방식으로 소개됩니다. 연암이 예전에 윤영이란 사람한테 들은 이야기를 옮기는 방식으로 되어 있습니다.

　이 말을 믿으면 〈허생전〉의 작자도 연암이 아니고, 연암은 윤영한테 들은 이야기를 옮기는 셈입니다. 그러나 이 역시, 진짜 작자인 연암 자신을 숨기는 방식 중 하나라 보는 것이 맞겠지요.

　〈허생전〉은 제목이 가리키는 것처럼 '허생의 이야기'입니다. 그러니까 허생이란 사람이 주인공이 되어서 벌이는 행동과 생각이 소설의 중심이 되는 것이지요.

　과연 허생은 어떤 사람이며 그는 어떻게 행동하고 무슨 생각을 할까요?

　허생은 남산 아래의 묵적골에 살고 있었다. 초가집에 비가 들이칠 정도로 가난했는데, 글 읽기만 좋아했다.

하루는 가난에 지친 아내가 돈을 벌어 오라고 화를 냈다. 허생은 십 년 동안 글을 읽으려고 했는데 안타깝다면서 책을 덮고 일어섰다.

허생은 종로로 가서 한양에서 누가 가장 부자인가 물어 변 씨를 찾아갔다. 변 씨를 만난 허생은 자기가 해 볼 일이 있다면서 만금을 빌려 달라고 했다. 변 씨는 곧 빌려주었다.

허생의 꼴은 거지나 다름없는데 만금이라는 엄청난 돈을 빌려주는 것을 보고 변 씨의 주변 사람들이 놀랐다. 변 씨는 허생의 눈빛과 얼굴을 보고 빌려주었다고 한다. 눈빛은 자신감이 있고 얼굴은 떳떳했기 때문이다.

허생은 돈을 가지고 안성으로 가서 나라 안의 과일을 모조리 샀다. 그러자 과일값이 엄청나게 올라서 큰돈을 벌었다. 다음에는 제주도에 가서 양반들이 쓰는 망건을 만드는 말 털을 다 샀다. 역시 값이 엄청나게 올라서 큰돈을 벌었다.

돈을 많이 번 허생은 바다 가운데에 있는 섬을 하나 찾았다.

그 당시 서해안의 변산에 도둑이 수천 명이 있었다. 도둑이 너무 많아서 관군이 잡으려 해도 잡을 수가 없었다.

허생은 그들에게 가서 아내와 집과 소를 준다고 하였다. 도둑들이 모두 기뻐하면서 도둑질을 그만두고 허생을 따라가겠다고 했다. 허생은 그들을 데리고 섬으로 들어갔다. 허생이 나라 안의

〈시장〉 조선 후기 시장의 모습

도둑들을 모두 데리고 가자 나라 안이 조용해졌다.

도둑들과 함께 섬으로 간 허생은 그들을 잘 살게 해 주고 섬 밖으로 나왔다. 섬에서 나온 그는 나라 안을 돌아다니며 가난하고 의지할 곳이 없는 사람들에게 돈을 나누어 주었다. 그러고도 십만 냥이 남았다.

변 씨에게 간 허생은 십만 냥을 주었다. 변 씨가 받지 않으려 하자 허생은 화를 냈다. 변 씨는 그 돈을 받고 이후로는 허생의 살림을 살펴 주기로 했다.

변 씨는 그 뒤에 허생과 친해져서 술을 가지고 허생을 찾아가 여러 가지 이야기를 들었다. 그 이야기들 중에는 나라의 살림살이, 즉 경제에 관한 것이 많았다.

변 씨는 이완이라는 정승과 친하였다. 이완은 청나라를 공격할 준비를 하는 어영대장이었다. 이완이 변 씨와 함께 허생을 찾아와 지혜를 물었다.

허생은 세 가지를 말해 주었다.

하나는 임금이 직접 인재를 찾아 나서는 것이고, 또 하나는 명나라의 자손들과 조선의 양반 딸들과 혼인하게 하는 것이고, 마지막은 양반 사대부들의 자식들 머리를 깎아서 청나라로 보내는 것이었다. 적과 싸우려면 적을 알아야 하기 때문이다.

이완은 세 가지 다 어렵다고 했다.

허생은 화를 버럭 내며 양반 사대부가 쓸데없는 예의나 체면 따 위에만 매달린다고 꾸짖었다. 그리고 칼을 빼서 찌르려고 했다. 이완은 놀라서 창문을 넘어 도망쳤다.

다음 날 찾아가니 허생은 떠나고 없었다.

〈허생전〉의 이야기는 크게 두 가지 내용으로 나눌 수 있습니다.

첫째, 선비인 허생이 경제 활동(사업)을 해서 큰돈을 버는 이야 기가 그 하나입니다. 앞부분에 나오는 이야기이지요.

허생은 그냥 공허하게 책만 읽는 선비가 아닙니다. 나라의 살 림을 걱정하고 경제를 아는 선비지요. 허생이 옛날 책만 읽는 어 리석은 양반이었다면 이런 일을 할 수는 없겠지요.

허생은, 연암이 주장했던 것처럼, 현실을 바로 볼 수 있는 실학 을 했기에 나라의 사정을 잘 알 수 있었습니다. 그래서 금방 큰 돈을 벌 수 있었던 것입니다.

물론 허생은 자기 욕심을 채우려고 돈을 벌었던 것이 아닙니 다. 이 돈을 가지고 도둑들에게 살 집과 아내, 땅을 마련해 주는 것입니다.

나라에 들끓는 수많은 도둑을 보면 조선 시대에 얼마나 백성 들의 살림살이가 어려웠는가를 잘 알 수 있습니다.

실제로 조선 시대에는 농민들이 민란을 많이 일으킵니다. 특

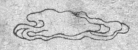

히 조선 후기로 오면 이런 민란이 자주 일어납니다. 그걸 보면 나라가 어떻게 병들어 가고 백성들의 살림살이가 얼마나 고통스러웠는지 짐작할 수 있지요. '민란'은 '백성들이 난리를 일으킨다'는 뜻으로, 다른 말로는 '백성들의 항거'라 할 수 있습니다.

민란이 일어나면 나라에서는 관군을 보내 공격합니다. 민란을 이끌던 농민들은 대부분 죽음으로 끝나고 맙니다. 그러니까 죽을 작정을 하고서야 민란을 일으킬 수 있었지요.

농사를 짓던 순박한 농민들이 죽을 작정을 한다는 사실은 무엇을 뜻할까요?

그것은 산다는 것이 죽기보다 더 힘들다는 농민들의 사정, 너무 힘들어서 이렇게 살기보다 차라리 죽을망정 억울한 심정을 풀어나 보자는 사정을 말해 주는 것이 아닐까요?

〈허생전〉은 본래 순박한 백성들을 도적으로 만드는, 부패하고 무능한 당시의 양반 권력을 비판하고 있습니다.

둘째는, 청나라를 공격한다는 '북벌(北伐)'에 대한 이야기입니다. 북벌이란 '북쪽을 공격한다'는 뜻으로 북쪽에 있는 청나라를 공격하자는 주장이지요.

명나라가 망한 뒤 조선에서는 명나라의 원수를 갚아 주어야 한다는 북벌론이 들끓었습니다. 또 우리의 치욕도 씻어야 한다고 주장했지요. 우리의 치욕이란 병자호란 때 인조가 남한산성에서 청나라 태종에게 항복한 것을 말합니다. 오랑캐라 무시했던 청나라 태종에게 무릎을 꿇고 신하가 됐으니, 당시의 왕이나 양반 사대부들의 분통이 얼마나 컸을지 알 수 있을 것입니다.

당시의 여러 사정으로 보면 청나라에 대한 복수는 어림도 없는 헛소리나 마찬가지였습니다. 청나라는 중국을 통일한 거대하고 강력한 제국이었기 때문입니다. 정말 현실과 너무 동떨어진 주장이었지요.

〈허생전〉에 이 북벌론이 등장합니다. 이완이 나오는 것으로 봐서 허생이 살았던 시대는 효종 때인 것을 알 수 있습니다. 효종은 1649년부터 1659년까지 왕을 했으므로 연암이 살았던 때보다 백 년쯤 전입니다.

〈허생전〉에서 연암은 허생의 입을 빌려 바로 그런 어리석은 양반 사대부들을 비판하고 있습니다. 시대 배경은 백 년 전이지만 연암 당시의 양반 사대부들을 비판하고 있다고 하겠지요.

즉, 〈허생전〉에 나오는 이완과 같은 양반 사대부는 곧 연암 당시의 양반 사대부와 같다는 뜻입니다. 나라와 백성의 살림살이를 위해서 배워야 할 청나라를 배척하고, 공허한 이론을 가지고 당파 싸움을 하며 옛 중국의 나라들을 그리워하는 양반 사대부들 말이지요.

연암이 살았던 조선 후기는, 앞에서 말한 대로, 민란이 수없이 일어날 정도로 백성들의 살림살이는 어려웠습니다. 그런데 당시 대다수의 양반 사대부들은 공허한 생각에 빠져서 백성들의 사정을 제대로 보지 않았지요. 얼토당토않은 북벌론도 현실을 똑바로 보지 않았기에 나온 것이고요.

연암은 〈허생전〉에서 이런 양반 사대부들을 날카롭게 비판하고 있습니다. 어려운 나라의 현실을 돌아보지 않고 위선과 허위에 빠져 있는 양반 사대부, 곧 지배 계급을 말이지요.

연암 박지원은 거짓을 미워하고 진실을 찾은 선비였습니다. 공허한 학문이 아니라 실제로 나라와 백성에 도움이 되는 학문, 실학을 할 것을 주장하였습니다. 청나라를 배우자는 북학은 나라와 백성에게 도움이 되는 학문을 하자는 생각에서였지요.

〈허생전〉의 허생은 행동과 말을 통해서 당시의 양반 사대부들에게 보여 주고 있습니다.

'진실의 정신으로 현실을 똑바로 보라.'

이것은 연암이 당시 조선의 왕과 양반 사대부, 지배 계급에게 소리치고 싶었던 말이기도 했겠지요.

그리고 갖가지 이야기가 가득 담긴 생동감 있는 여행기, 《열하일기》 전체를 흐르는 정신이라고도 하겠습니다.

김홍도, 〈사당유희도〉, 기메 국립아시아미술관

김홍도, 〈후원유연도〉, 기메 국립아시아미술관

작자 미상, 《태평성시도》 제1~8폭, 국립중앙박물관

주세페 카스틸리오네, 〈건륭제 초상화〉, 베이징 고궁박물원

요문한·장정언 등, 〈만리래조도〉, 베이징 고궁박물원

〈고소창문도〉, 〈삼백육십행도〉

김홍도, 〈조선사신부연경시연로급입공절차〉, 《연행도》, 숭실대학교 한국기독교박물관

김홍도, 〈구혈대〉, 《연행도》, 숭실대학교 한국기독교박물관

김홍도, 〈만리장성〉, 《연행도》, 숭실대학교 한국기독교박물관

김홍도, 〈영원성 패루〉, 《연행도》, 숭실대학교 한국기독교박물관

김홍도, 〈산해관 동라성〉, 《연행도》, 숭실대학교 한국기독교박물관

김홍도, 〈망해정〉, 《연행도》, 숭실대학교 한국기독교박물관

김홍도, 〈조양문〉, 《연행도》, 숭실대학교 한국기독교박물관

김홍도, 〈태화전〉, 《연행도》, 숭실대학교 한국기독교박물관

김홍도, 〈조공〉, 《연행도》, 숭실대학교 한국기독교박물관

김홍도, 〈벽옹〉, 《연행도》, 숭실대학교 한국기독교박물관

김홍도, 〈오룡정〉, 《연행도》, 숭실대학교 한국기독교박물관

김홍도, 〈정양문〉, 《연행도》, 숭실대학교 한국기독교박물관

김홍도, 〈유리창〉, 《연행도》, 숭실대학교 한국기독교박물관

김홍도, 〈서산〉, 《연행도》, 숭실대학교 한국기독교박물관

작자 미상, 〈의주 통군정〉, 《관서명승도첩》, 서울역사박물관

문제, 〈대릉하〉, 개인

냉매, 〈열하행궁〉

송응성, 〈벽돌 공장 가마〉, 《천공개물》, 원본 전하지 않음(중국 영인 활판본).

송응성, 〈기와 만드는 사람들〉, 《천공개물》, 원본 전하지 않음(중국 영인 활판본).

서양, 〈고소번화도〉, 랴오닝성박물관

엄성, 〈홍대용 초상〉, 원본 소실

나빙, 〈박제가 초상〉, 개인

해강, 〈엄성의 초상화〉, 과천시

〈건륭제 만수절 거리 행사〉

작자 미상, 〈갑군〉, 〈섬라인〉, 〈몽고승〉, 〈몽고인〉, 〈달자〉, 〈서양인〉, 《여지도》, 서울대학교 규장각 한국학연구원

송응성, 〈수레〉, 《천공개물》, 원본 전하지 않음(중국 영인 활판본).

〈회인헌기〉, 《여환회경도책》

작자 미상, 〈순상〉, 〈탁타〉, 《여지도》, 서울대학교 규장각 한국학연구원

작자 미상, 《북경도성삼가육시오단팔묘》, 서울대학교 규장각 한국학연구원

〈민화 호랑이〉

김홍도·강세황, 〈송하맹호도〉, 호암미술관

김준근, 〈시장〉, 《기산풍속도첩》, 함부르크 민족학박물관

지은이 **배봉기**

대학과 대학원에서 국문학을 공부했습니다. 소년중앙문학상과 계몽문학상 공모에 동화로 등단했습니다. 그동안 쓴 책으로 동화 《나는 나》, 《실험 가족》, 《무지개 색 초콜릿》, 《철조망과 농구공》, 《손톱 공룡》, 《별빛 아이》, 《마법 주문을 외워라》 등과 동극집 《말대꾸하면 안 돼요?》가 있습니다. 그리고 청소년 소설 《아무도 대답하지 않았다》, 《사라지지 않는 노래》, 《안녕 라자드》와 청소년 희곡집 《UFO를 타다》가 있습니다. 현재 광주대학교 문예창작과 교수로 학생들과 함께 공부하고 있습니다.

그린이 **이부록**

인천에서 태어나 서울대학교 동양화과를 졸업했습니다. 그림뿐 아니라 설치, 참여 미술 프로젝트 등 다양한 작업을 통해 사회에 말 걸기를 시도하고 있습니다. 《기억의 반대편 세계에서-워바타》, 《세계 인권 선언》을 펴내고, 《일곱 가지 밤》, 《동양철학 에세이》 등에 그림을 그렸습니다.

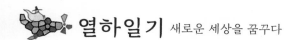

열하일기 새로운 세상을 꿈꾸다

2016년 12월 29일 1판 1쇄
2020년 8월 31일 1판 3쇄

지은이 배봉기 | 그린이 이부록

기획·편집 최일주, 이혜정 | 교정 한지연 | 디자인 민트플라츠 송지연 | 제작 박흥기
마케팅 이병규, 이민정 | 홍보 조민희, 강효원 | 인쇄 코리아피앤피 | 제책 경원문화사

펴낸이 강맑실 | 펴낸곳 (주)사계절출판사 | 등록 제 406-2003-034호
주소 (우)413-756 경기도 파주시 회동길 252
전화 031)955-8588, 8558 | 전송 마케팅부 031)955-8595, 편집부 031)955-8596
홈페이지 www.sakyejul.net | 전자우편 skj@sakyejul.com
페이스북 facebook.com/sakyejulkid | 인스타그램 instagram.com/sakyejulkid

978-89-5828-874-9 73900

이 책의 국립중앙도서관 출판시도서목록(CIP)은 다음 홈페이지에서 이용할 수 있습니다.
http://www.nl.go.kr/ecip CIP제어번호: CIP2016030625